柳都新潟 古町芸妓ものがたり

©Niigata Photo Library/a.collectionRF/amanaimages

小林信也
Nobuya Kobayashi

ダイヤモンド社

新潟古町には、芸妓たちの清々しい生き様がある。

新潟・古町の芸妓さんは、お客様との〈心の距離〉が近い。気取らない、高くとまらない。親しみ深さが、いちばんの魅力だ。古町の花柳界。歴史を刻む料亭の門をくぐれば、人生をより深く味わえる〈日本文化の設え〉に迎えてもらえる。その重要な役者そして案内人が、古町芸妓さんたちである。

お座敷に出る準備を整える古町芸妓・小夏さん

小夏さんが、行形亭《いきなりや》のお座敷に入るところ

百々花さん

志穂さん

紅子さん

菊乃さん

日本文化を
凝縮した
理屈抜きの
パワースポット。
そこで人は、
生きる元気を
取り戻す。

日本人でありながら
欧米人になったかのような
現代人が、
日本の心に目覚め、
理屈抜きに解放される。
古町芸妓のいる花街は、
現代の〈別天地〉だ。

柳都振興から独立した当代一の人気芸妓あおいさん

「将来、子どもにお座敷を見せたい」と結衣さん

種子島から来た千秋さんの心の糧は「市山流の踊り」

「いっぺ動く、気働きをする」が身上と笑う和香さん

西洋バレエで世界を目指していたあやめさん

芸妓の姿を身にまとう直前の新人芸妓さつきさん

花街で
生きると決めた。
十八歳の覚悟。
時空を超え、
新しい時代の
天使になる。

二〇一八年五月に
〈おひろ芽〉をした
四人の新人芸妓
(左から) 咲也子さん、
ふみ嘉さん、那緒さん、
さつきさん

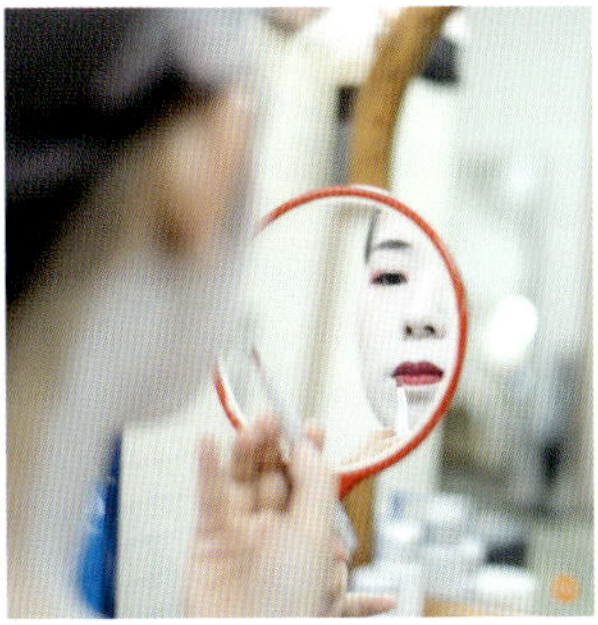

白塗りを施し、日本髪のかつらをのせて
お座敷に向かう気持ちを調える

古町の一隅にある稽古場で日本舞踊の研鑽を重ねる

古町芸妓の踊りの師匠、七代目市山七十郎師匠

果てしない
芸の道——。
古町芸妓の
技と心を支える
日本舞踊・
市山流の宗家が
新潟にある。

稽古場にはいつも張り詰めた空気が流れている

現代の
日常にはない、
和服と日本髪、
そして研鑽の日々。

風情のある時間が芸妓さんの周りを包んでいる

三業会館の老朽化に伴い、旧美や古に本拠を移した

舞台裏で思わずピース、結衣さん（左）と千秋さん

お昼の時間、三味線の弾き語りを磨くあおいさん

新しい自分と出会う感覚。花街で知る、知らなかった世界。

古町のお座敷で芸妓文化に出会い、
それまで気づかなかった
自分の内面や温かさに気づかされ、
ハッとしたりする。
そんな体験は大人になると少ないが、
古町の花街にはそれがある。
古町で芸妓さんに出会い、
新たな自分を知る悦び……。

親しみ深さが、新潟古町芸妓の魅力

繁華街から
歩いてすぐの場所に美しい
庭園と料亭がある

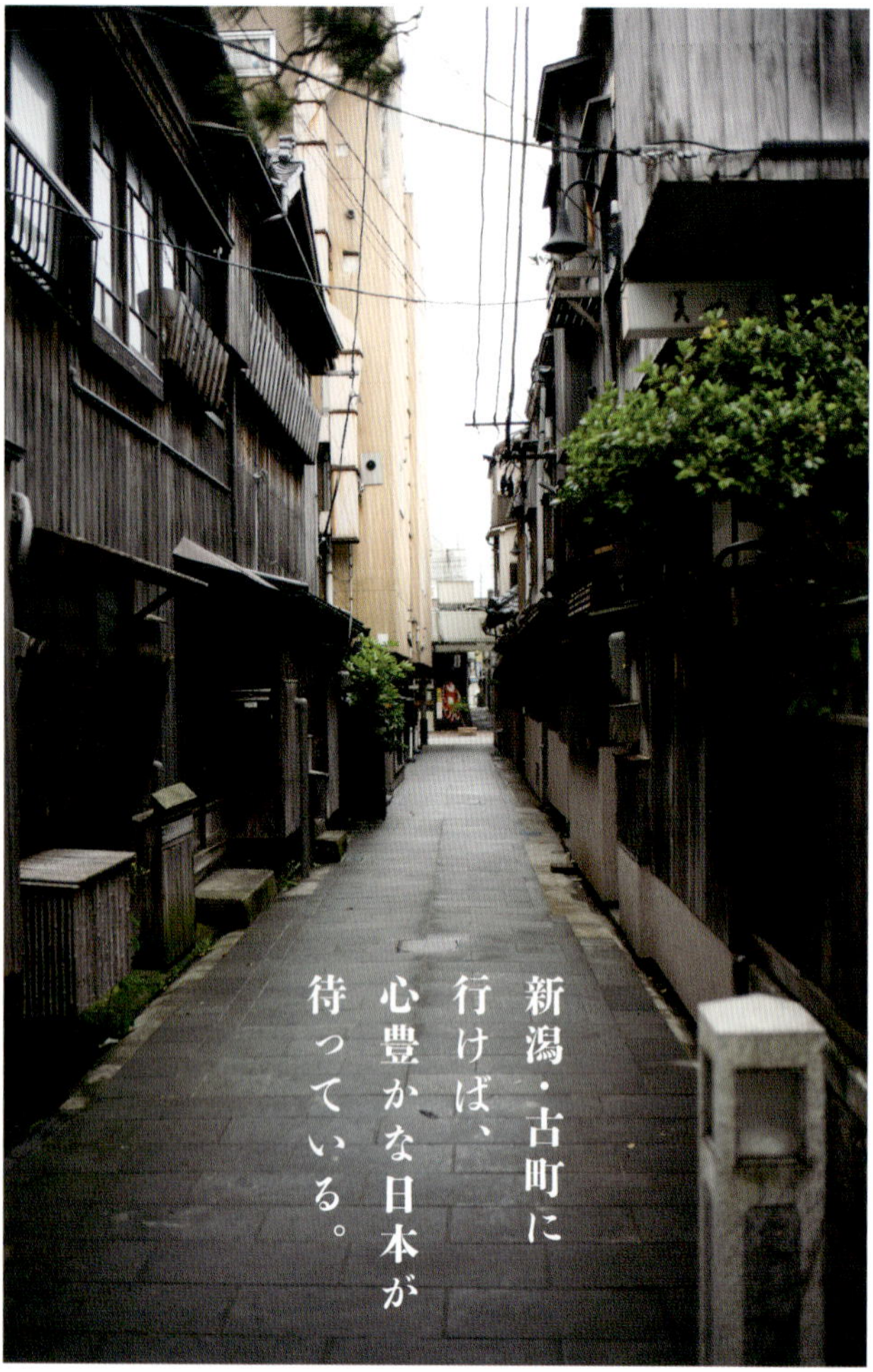
新潟・古町に
行けば、
心豊かな日本が
待っている。

古町の一角
路地を歩けばどこからか
三味線の音色が聴こえる

撮影 大杉隼平

柳都新潟
古町芸妓
ものがたり

柳都新潟　古町芸妓ものがたり

目次

目次

序章

古町花街との出会い

普段の暮らしの中で芸妓さんと交流する機会はほとんどなかった。新潟に住んで、少しずつ古町花柳界と接点が生まれ、踊りのお稽古を見せてもらうなどした。次第に、古町芸妓は、現代の人々に日本文化の素晴しさを再認識させてくれる架け橋だと感じ始めた。

素顔の芸妓さんに魅せられた

初めて古町芸妓《ふるまちげいぎ》と身近に接したのは昨年の早春、市山流の市山七十郎《なそろう》（当時は七十世《なそよ》）宗家の稽古場だった。

ＮＳＴ（新潟総合テレビ）のドキュメンタリー番組撮影のため、カメラマンと共に訪ねると、『アート・ミックス・ジャパン』に向けた稽古が熱を帯びていた。

昼下がりの稽古場の舞台で指導を受けるひとりの若い女性は、突然現れたカメラに動じる風もなく、堂々と舞い続けた。

化粧気のない、無防備な素顔が眩《まぶ》しかった。

（この女性は何と言う名の芸妓さんだろう）

柳都《りゅうと》振興のホームページで見た芸妓のプロフィール写真をいくら思い浮かべても、目の前の女性と結びつかなかった。

日本髪を結い、艶《あで》やかな白塗りを施した姿と素顔がそれほど違うとも言えるが、私はその時、勝手に抱いていた先入観を打ち破られた……。芸妓は外見を美しく飾り、胸の内を隠したお人形さんかと思っていた。目の前の彼女は素顔ゆえにいっそう目立つ意志の強さで凛《りん》としている。その眼差《まなざ》しには、見つめられたら動けないほどの魅力と包容力があふれていた。

稽古を終えて舞台を降りると彼女は初めて、

恒例の新年顔合わせ会で舞う古町芸妓＝２０１８年１月、新潟市中央区の三業会館

「お師匠さん、カメラが入るなら先に教えてくださいよ！」

拗《す》ねるように言った。宗家はただ笑っていた。彼女が続けた。

「紅《べに》のひとつも引いて来たのに」

その言葉に触れたとき、古町の一隅にある稽古場が、時空を超えた特別な世界の入り口に感じられた。

紅のひとつも……。さりげないひと言が、身体の奥で心地よく響いた。そのような奥ゆかしい余韻に包まれたのはいつ以来だろうか。

（日本のあちこちで、このようにやわらかな言葉が交《か》わされたなら、日本はきっとやさしさを取り戻すだろう）

そう感じた。芸妓文化は高尚で特別だと思いがちだが、もっと素朴に、日本の大切な心や豊かさを継承している。古き佳《よ》き日本の温かさを生きている。それが芸妓の世界なのだ。私は静かに感動を覚えた。

古町芸妓は芸を受け継ぎ、夜の社交を担うだけでなく、私たちの日常とも深くかかわる大切な〈日本の心の担い手〉ではないだろうか。そう感じたとき、私はもっと深く古町芸妓の世界、誇りを持って生きる彼女たちの心根を知りたい、そして伝えたいと強く願った。

芸妓文化は「和の総合芸術」だ

芸者さんと言えば、大半の人は京都・祇園を思い浮かべるだろう。ほかには、北陸の金沢、東京・新橋の花街が広く知られている。

「古町芸妓は別格なんだれ。祇園や新橋にも負けない格式と信用を持っているんだ」

そう教えてくれたのは、古町から車なら五分ほどの関屋本村町（新潟市中央区）にある早福酒食品店・早福岩男会長だ。

古町芸妓の華やかさは江戸時代の隆盛にルーツがある。一九三三（昭和八）年に刊行された『古町古老雑話』（鏡淵九六郎編）に、《芸妓の白山詣《まい》り》と題して次のように書かれている。

『三月十八日の白山祭には、昔は古町芸妓打揃《そろ》っての参詣で非常に盛んなものであった。この衣装くらべを見るため、五里、七里先の水原、新発田、中条あたりの旦那が奥さん、娘さんを連れて二、三日泊まりがけでやってくる。見物人は黒山で、特に娘たちは芸者の衣装や髪飾りをよく見ようと足を止め夢中になり、市中は容易に歩けないほど混雑した』

春の祭りを彩る芸妓衆の華やかな装いが眼に浮かぶようだ。しかもその数は、十や二十ではなかった。江戸浄瑠璃・富本節の語り手である富本繁太夫は、日記にこう記している。

『越後新潟は名高い大湊《おおみなと》で繁栄の場所である。芸者たちは色が白く美しく着物なども、ずいぶんりっぱである。櫛《くし》や笄《こうがい》など十二、十三本もさしている。髪ざしは皆細長い。ここには芸者が五百人もいる』

萬代橋ができた祝いの渡り初めの行列も、「先頭を歩いたのは、当時古町の花柳界で最も人気のあった芸妓さんだったそうだよ」

これも早福さんが教えてくれた。早福さんは、越乃寒梅、久保田をはじめ県内の蔵元の銘酒を日本中に紹介し、「新潟のお酒は日本でいちばん美味《お》しい！」と全国でその評判を高めた功労者。その早福さんは私費を投じ、古町芸妓のＤＶＤを約二十年にわたって三回も創るなど、その伝統継承を熱心に支援している。理由はこうだ。

「古町芸妓の世界は、日本文化の総合芸術なんだよ。素晴らしい和風建築の料亭、日本庭園の見えるお座敷で、腕によりをかけた和食と日本酒をいただきながら芸妓衆の歌や踊りを嗜《たしな》む。最高の贅沢《ぜいたく》です。そこで飲むお酒はもちろん美味しいし、これほど豊かな社交の場はほかにそうねえろうなあ」

すべてが融合した最高の饗宴《きょうえん》。日本文化の総合芸術……。その言葉で、私は芸妓文化の本質に気づかされ、心を打たれた。

日本文化を気軽に楽しむ「芸妓の舞と料亭体験会」＝２００９年

「間合い」が踊りの核心だ

花柳界との最初の接点は、古町芸妓に日本舞踊を指導する市山流の宗家・市山七十郎《なそろう》師匠との出会いだ。当時師匠は七十世《なそよ》の名で、七十郎襲名を決意する前だった。

「滅多《めった》に会える人じゃないんだれ。なにしろ新潟市の無形文化財第一号らっけな。東京の有名な歌舞伎役者に踊りを教えてなさる先生ら。そういうすごい人が新潟にいるんだ。お前も作家なら、会っておいてもいいだろう」

そんな言葉で、早福岩男さん夫妻から市山師匠との会食の席に呼んでいただいた。緊張して、慣れないネクタイを締めて行った私を師匠は洋装の普段着で気さくに迎えてくださった。

「野球でも、大事なのは間合いでしょ」

こともなげに、市山のお師匠さんは言った。その科白《せりふ》に胸を衝《つ》かれた。そして、大声で笑いたいほどの感激で心が弾んだ。

そのころ私は、《野球の真髄　なぜこのゲームに魅せられるのか》という本を出版したばかりだった。

「プロ野球の打者や投手も案外、自分たちがどうやって打ったり投げたりしているか、わかっていません。打者はタイミングを合わせて打つと言うけど、本当は合わ

舞台に弟子を送り出す市山七十郎（当時は七十世）さん＝２０１１年

せたら外されます。実際はタイミングで打ってはいない。身体で無意識にできているのに、簡単な基本さえ頭では理解していない選手が多いのです」

そんな話をすると、お師匠さんはすべてを見通した表情であっさりと、

「間合いでしょ」

と言ったのだ。私はただ「その通りです」と頭を垂れ、感服するばかりだった。スポーツ選手には通じない核心的な話を、日本舞踊の師匠には一瞬で看破された。

師匠はさりげなく両手を動かし、顔を傾け、眼差《まなざ》しを操り、座ったまま踊りの仕種《しぐさ》を演じ、テーブルをはさんだ私との間合いを瞬時に変え、空気の彩りを変えた。わずかな仕種で、私は師匠の放つ圧倒的な磁力に包み込まれ、ゾクッとする妖しさ、仄《ほの》かに香り立つ美しさに胸をえぐられた。

「筋力じゃないのよね。力強さは、身体の中からあふれ出るものだし」

師匠が加えたひと言に、また深い感銘と共感を覚えた。

長くスポーツの世界で暮らし、取材を重ね、求め続けてなかなか出会えない〈核心を知る人物〉に古町で出会った……。不思議な感動と驚きに昂奮《こうふん》した。スポーツライターがなぜ芸妓文化に心を引かれ、取材を始めたか。原点はこの出会いにあった。

第一章

古町芸妓、消滅の危機

高度成長の時代、日本社会は近代化と欧米化の波にのみこまれた。美しく豊かな日本の文化伝統の多くが日常生活から消え去る流れの中で、古町の芸妓さんもまた姿を消す現実に直面した。新しい芸妓さんが二十年近く生まれない。それは古町花街消滅の危機を意味していた。

芸妓さんの仕事

「芸妓《げいぎ》さん」と聞いて、正確に彼女たちの仕事ぶりを知っている人がどれほどいるだろう？

由緒ある料亭は「敷居が高い」「男性の行く場所」「高価、ごく一部の旦那衆や政財界の御用達」という先入観が根強いだろう。

お座敷で、芸妓さんはどんな役割を果たすのか？　芸妓とお客の距離感は？　私自身つい最近まで、古町のお座敷を知らなかった。

二〇一八年二月半ば、初めて古町芸妓のお座敷を見せてもらう機会に恵まれた。私が発案した〈アジアから新潟県に来てもらうプロジェクト〉第三弾、香港から来た約二十名のお客様を、古町を代表する料亭《鍋茶屋《なべぢゃや》》に案内した。

雪景色の日本庭園が見える和室にテーブルが並べられ、椅子に座って料理を楽しめる。外国のお客様も正座に苦労する必要はない。

今回のグループは大半がご夫婦、だから半数は女性。中には子どもを連れた家族もいる。

期待が高まる中、四人の芸妓さんがお座敷に登場すると、一気に華やかな空気に包まれた。男性も女性も、芸妓さんの艶《あで》やかな着物姿、白塗り、日本髪の美しさに魅了された。

香港からのお客様も、お座敷で芸妓さんと記念撮影＝2018年2月、新潟市中央区の鍋茶屋

部屋に入って丁重にお辞儀をしてすぐ、芸妓さんたちはお客様の席の間に歩み寄り、お酒を注いで回った。名前の入った千社札を渡し、自己紹介をするとそれだけで数年来の知己であるかの和やかさでお座敷は明るい会話に包まれた。香港の客人と身振り手振りで笑いあう光景の傍らで、英語で会話する芸妓もいる。

客が「どうぞ」と芸妓に盃《さかずき》を渡したとき、私は一瞬、戸惑った。これから踊りや芸を披露する芸妓さんにお酒を勧めるのは失礼ではないのか。芸妓さんはきっと、やんわりと断るだろう……。ところが。

それは紅子さんだったが、「ありがとうございます！」、弾んだ声で盃を手にすると、色っぽい表情でお酌を受け、美味《おい》しそうに飲み干した。「おおーっ」と、客人がうれしそうに声を上げ、小さな喝采が起こった。

当然「もう一杯！」と客が恭しくお酒を注ぐ。近くにいた女性客の心配そうな眼差《まなざ》しをよそに、紅子さんはスッキリした表情でまた盃を口に運ぶ。そして「さあどうぞ」、勧めた男性客に返杯する。絶妙な間合い、場が一気に和み、親しみが深まる。私は、テーブルを離れた紅子さんに、そんな勢いよくお相手をして大丈夫かと小声で聞いた。すると、「かえって調子が出ていいですよ」、紅子さんはいたずらっぽく笑った。

一期一会のお座敷で

お酌を交わして和やかな笑いに包まれたあと、芸妓さんたちが一度お座敷を離れ、すぐに襖《ふすま》を開けて戻ってきた。今度は日本舞踊のご披露だ。四人の芸妓さんたちが、物を言わない凛《りん》とした〈踊り手〉の表情に変身している。

地方《じかた》と呼ばれるお姐《ねえ》さん（ベテラン芸妓）の三味線と唄に合わせて、艶《あで》やかな踊りが始まる。

途端にお座敷の雰囲気は一変した。しばらく我を忘れて踊りに見入ったあと、客たちは手に手にスマホを携え、芸妓の近くまで寄った。面白いことに、これ以上は近づいてはいけないだろうという距離を保って、神妙な顔でシャッターを押す。もはや、笑い顔はない。驚嘆と尊敬。さっきまで、自分のすぐ隣で盃《さかずき》を交わし合った白塗りの女性たちが、神々しい雰囲気で舞う姿に認識を改める。

気安さと格式の高さ。笑顔と静寂。その落差に翻弄《ほんろう》されて、言葉を失い、敬意を抱いて心の中で手を合わせている。

踊り終わると、芸妓たちはまた長年の友の近さに戻って談笑を続けた。だがもう、女性たちがただ親しく相手をしてくれる和装の同輩ではなく、これまで出会ったことのない、特別な修練を積んだ尊敬すべき才人たちだとわかって、客たちは特別な感激に満たされている。

お座敷遊びの一つ。杉の酒樽を木づちでたたき、じゃんけんをする

言葉の通じない海外の訪問客をも理屈抜きに圧倒する古町芸妓の質の高さと力量に私は目を見張った。

少しすると「お座敷遊びをしましょう」「せっかく来てくださったのですから」、紅子さんとあおいさんが声をかけた。

樽《たる》が用意され、何が始まるのか神妙な客にまずは手本を見せる。じゃんけんをして、負けた方が樽の周りを回る罰ゲームがある。

勇気を持って手を挙げた男性客のおかげで、典型的な余興のひとつである〈樽拳〉が幕を開けた。『♪樽を叩《たた》いておまわりさん、ソレじゃんけんぽん、負けたらその場で一回転』。ごく単純な遊びが、艶やかな芸妓さん相手だと胸躍り、熱を帯びる。

最初は尻込みしていた香港のシャイな男性も女性も、そして畳に寝転がって拒んでいた子どもも、ついには立ち上がって芸妓さんのじゃんけん勝負の相手になった。愉快な歓声が、昼下がりの鍋茶屋に心地よく響いた。

「日本に来たら必ずまたここに来たい」

訪問客が素直な感想を口にした。

初めての外国人にも強い印象と好感をもたらす、古町芸妓は世界に通じるホスピタリティを持つプロフェッショナルだった。

古町の流儀

古町芸妓が日ごろ活躍する主な舞台は、言うまでもなく料亭のお座敷だ。昔は料亭が軒を並べたというが、いまは激しい時代の波を越え、暖簾《のれん》を守り抜いてきた老舗だけが伝統を受け継いでいる。

いま新潟を代表する料亭といえば、真っ先に名の挙がる双璧が、《鍋茶屋《なべちゃや》》と《行形亭《いきなりや》》だ。時代を彩った要人や文人墨客が全国から訪れた記録が数多く残っている。

知られざる歴史の舞台ともなった料亭の伝説はいずれゆっくり描くが、まずはそれぞれの横顔の一端を伝えて連載を進めたい。

鍋茶屋は、古町八番町を折れて、その名もまさに《鍋茶屋通り》を入ったところにある。

店の誕生は一八四六（弘化三）年、明治維新の二十二年前だという。店の名は、初代・高橋谷三郎氏が考案した〈すっぽん鍋〉に由来している。

短夜の 夢ならさめな 樽《たる》ぎぬた

お店のホームページ、最初にこの句が飾られている。『金色夜叉』などの名作で知られる尾崎紅葉が、新潟の祭り囃子《ばやし》で叩《たた》く『樽砧《たるきぬた》』を詠んだ句。昔から民謡などに使われてきた新潟独特の杉の酒樽を叩きながら芸妓とじゃんけんをして遊ぶ〈樽

国の登録有形文化財に指定されている鍋茶屋＝新潟市中央区東堀通8

拳〉もある。そう、前回紹介したあのお座敷遊び。尾崎は一九〇三（明治三十六）年に世を去っているから、百年以上もの時を超え、国境も超え、同じ樽拳が訪問客の歓声と喝采を生んでいるのだ。

鍋茶屋の女将《おかみ》は、一九六八（昭和四十三）年に京都から嫁いできた六代目、高橋すみさん。

実家は京都で二百年続くお茶屋《富美代》。幼い頃から祇園の空気に触れて育ったすみさんは、新潟の料亭に嫁いで、最初は流儀の違いに戸惑ったという。

「祇園では、芸妓さんは本音を話すのではなく〈芸妓を演じる〉、それがプロ意識だと当たり前のように思い込んでいました。ところが古町の芸妓さんは違いました。気取ったり、お高くとまったりはしない。本音も多く、親しみやすいのです。私は最初、それはおかしいと思っていましたが、そこが祇園と古町の芸妓さんの気質の違いなのでした」

古町芸妓は、芸を見せるときは踊りの役柄になりきり、役を演じる。けれど、お客様の側《そば》についてお酌をし、会話を交わすときには飾らない、気取らない。自然体でおもてなしに努める。そこに誇りを持っているのだ。鍋茶屋の女将すみさんはやがてその気高さに気づいたという。

日本文化のテーマパーク

古町から海に向かって少し歩いた西大畑に行形亭《いきなりや》はある。門を入ると敷地の奥行きに圧倒される。日本庭園の真ん中に池が見える。その池を囲むように、木造建築の離れが並ぶ。十二畳から百四十畳まで、その数十三室だという。

広さおよそ二千坪。古都でしか出会えない名刹《めいさつ》かと思う佇《たたず》まい。落ち着きに満ちた空間が繁華街・古町からわずか徒歩数分の場所にあるところが、新潟の奥深さを物語っている。

隣は国指定名勝の旧斎藤家別邸。さらにその先は『会津八一終焉《しゅうえん》の地』の碑が立つ北方文化博物館新潟分館。白っぽい石畳の白壁通りを歩くだけで浮世の憂さを忘れ、癒やされるのは私だけではないだろう。

行形亭の創業はおよそ三百年前。当初は同じ場所で茶店を営んでいた、というのも、家が少なかったこともあるのだろう、砂浜がずっと近かったからだ。

ホームページには、《あねさまの昔語り》と題してこんな一節がある。『屋号にはエピソードがありまして、中興の主人が、まるで芝居の大石由良之助のような粋な人であったため、それまでの屋号「浦島屋」を誰言うとはなく「いきなりや」とあだ名して呼ぶようになったということです』

私が連載の挨拶《あいさつ》に伺うと、父親から店を継いで十二年目になる行形和滋社長が板

国の登録有形文化財になっている行形亭＝新潟市中央区西大畑町

場からそのままの格好で現れた。てっきりネクタイ姿の経営者かと思い込んでいたら、違った。

「六人だけで切り盛りしているお店ですから、板長は別にいますが、私も包丁を握ります」

東京の成蹊大学を卒業後、祖父も父も修行した築地の老舗割烹《かっぽう》《新喜楽》で三年過ごし、実家に戻った。欧米化がいっそう加速する日本社会で、料亭が芸妓《げいぎ》がどのように社会と調和し共存共栄を果たして行けるか、新しい展望が求められている。新潟三業協同組合理事長でもある若い担い手・和滋社長への期待は大きい。

「芸妓さんのいる料亭のお座敷は、《日本文化のテーマパーク》のようなものです。そう考えたら、芸妓さんひとり一時間一万円の花代は全然高くないと思います」。仲間四人ならひとり二時間五千円の値打ちとなる。

「板垣退助がうちで演説会を開いていたとき、東京から《国会開設の勅諭》が出たと報《しら》せが届いた、という記録が残っています」

一八八一年（明治十四年）のことだろう。肌がチリチリするような時代の熱気。世界を睨《にら》み、日本を動かした賢人たちの集った料亭で自分たちも同じく未来に目を向ける感激がそこにある。

最盛期には四百人とも五百人とも言われる芸妓衆が連日、古町のお座敷を彩った。新潟市中央区西堀前通九番町の旧『三業会館』のすぐ前に、《新潟市街角歴史案内》の碑がある。そこに描かれた江戸時代の古町の様子を見れば、往時の華やかさが一目瞭然だ。

二枚の絵に添え、こう記されている。

『今も料亭が建つ古町・西堀界隈《かいわい》を歩けば、いにしえの人々が築いた花町文化の香りが確かに匂い立ち、息づいているのを感じます。連綿と流れる時の中で培われた、柳都・新潟ならではの華やぎが、季節の移ろいを雅《みやび》やかに演出します。その中で麗しの華でもあったのが新潟芸妓です。新潟芸妓・古町花柳界の歴史は古く、徳川時代にさかのぼります。以来、名妓、美妓の数は何千人にも及ぶといわれます（以下略）』

お堀にかかる橋の上で、ずらりと並んだ芸妓たちが盆踊りを舞う風景が添えられている。堀に浮かぶ舟にも芸妓衆の姿がある。響き渡る新潟甚句、尾崎紅葉が詠んだ《樽砧《たるきぬた》》の軽やかなお囃子《はやし》が聞こえてくるようだ。

時代が移ろい、戦後昭和三十年代に入ってもなお、百五十人を優に越える芸妓衆がいたという。

新潟市出身の画家、銅谷白洋の絵が語り掛ける昔の古町＝新潟市の旧三業会館前

ところが、戦後の近代化、高度成長の波は次第に日本の夜の風景を変え、優美な花柳界の繁栄を揺るがすようになる。

料亭に比べたら遥《はる》かに安価で敷居の低い洋風なバーやクラブ、キャバレーなどの台頭。

税制が厳しくなり、企業の交際費なども細かく管理を求められる時代に変わった。個人の資産や支出に対する処理も曖昧さが許されなくなり、豪胆に文化や芸能を支援する旦那衆の自由が利かなくなっていく。その影響は、古町花柳界を直撃した。かつての栄華が嘘《うそ》のように古町花柳界の輝きが失われ、翳《かげ》りが覆った。

一九八五（昭和六十）年ころにもなると、新しく芸妓になる若い女性たちはまったくいなくなった。気がつくと、最も若い芸妓で三十代半ばを過ぎていた。二十年近く新しい芸妓が誕生していなかったという意味だ。

（このままでは古町から芸妓が姿を消してしまう）

それは新潟の貴重な文化を失うことを意味する。芸妓がいなくなる。料亭の灯も消える。新潟の街から、優美な三味線や長唄、太鼓の音が失われていいのか……。

深刻な焦りが古町花柳界に広がり始めた。

「新潟にとって、昭和三十九（一九六四）年という年がひとつの境目だったかもしれませんね」

いまもお座敷で活躍するお姐《ねえ》さん（ベテラン芸妓）のひとりが、遠い眼差《まなざ》しで呟《つぶや》いた。

新潟地震があった一九六四年

新潟市民そして新潟県民にとって、特別な年だった。

六月に新潟国体の春季大会が行われた。本来なら秋に行われるメイン競技が、秋の東京五輪と重ならないよう六月六日から十一日に繰り上げて開催された。私が小学校二年の年だが、《新潟国体の歌》は小学校に入る面接の時に歌った記憶がある。曲が流れればいまも歌える。それほど、県民にとって全国から選手や関係者を迎える新潟国体は一大事だった。

そして閉幕後まもない六月十六日、甚大な被害をもたらした新潟地震が発生する。

午後一時二分、多くの家庭や職場が昼食を終え、午後の活動を再開し始めたところに、大きな揺れが襲った。小学生の私は、給食を食べ終え、校庭で遊び始めたところだった。

震源は日本海に浮かぶ粟島沖、地震の規模はマグニチュード七・五。信濃川にかかる昭和大橋が分断されて落ち、コンクリートのビルが痛々しい姿で傾き、何棟か

ビルが傾き、通りが水に浸かり、石油タンク火災の煙が空を覆った＝1964年6月、新潟地震

は真横に倒れた。それらの光景は、大地震を久しく経験していなかった日本じゅうに新聞やテレビで報じられた。戦後の高度成長を象徴するコンクリート建造物が崩壊する姿は、無言の衝撃を与えた。

六十キロ離れた長岡の小学校でもすぐ授業が中止され、私は集団下校で家に戻った。自宅では、ガスが止まる、電気が止まるといった不安の中、慌てて買い集められたパンが見たことのない山盛りの量で食卓に置かれていた。

石油コンビナートから火が出て石油タンクに延焼し、十二日間燃え続けた。この火災が、地震後の大きな関心事だった。ある日、サイレンの音が聞こえると近所の大人が「東京の化学消防車がやっと長岡を通ったぞ」と叫んだ。少年たちは国道八号線まで見に走った。

本当だったかどうかわからないが、空に広がる灰色の雲を、「新潟から来た石油火災の煙だ」と大人が言い、子どもは深く肯《うなず》いてそれを見上げた。

建物だけでなく何かが崩れた一九六四（昭和三十九）年。

繰り上げたおかげで新潟国体春季大会は行われたが、地震で夏季大会は中止になった。せっかく選ばれていた近所の水泳選手（高校生）が出られなくなったと聞かされ、無性に悲しかったのを覚えている。

新潟の夜の新しい潮流

一九六四（昭和三十九）年。十月に東京オリンピックが開催された。

日本の戦後の復興ぶりが世界じゅうに発信された。《平和の祭典》を華やかに開催する。それは当時の日本人にとって、どれだけ誇らしい出来事か、いまの若者には理解できないかもしれない。

何もかも欧米に遅れを取り、世界に叶《かな》わないという敗北感に心を支配されがちだった時代。世界じゅうから多くの若人を迎え、立派に重責を果たしたことで〈敗戦国〉が改めて世界に肩をならべる自信を回復する大きな機会になったと、東京のメディアや著名人たちは一様に成果を囃し立てた。

しかしそれは同時に、地方にも輝きがある時代から〈中央偏重〉、すべて東京の価値観を中心に回る時代への移行をも意味していた。

地域の文化は、〈東京の流行〉の前にはなすすべがなくなった。いま振り返れば、知らずしらず東京に追従する風潮にのみ込まれ、新潟ならではの良さ、独自の文化を衰退させる負のスパイラルに突入していた……。

東京が格好よくて、新潟は後れている。そんな劣等感が新潟の少年や若者に広がった。私自身がそうだった。

新潟の夜の風景も次第に変わり始めていた。一時期、新潟の夜の娯楽の代名詞で

萬代橋《ばんだいばし》東詰の信濃川沿いにあったキャバレー「香港」＝１９８２年

もあった『キャバレー香港』もその一例だ。古町から萬代橋を渡ってすぐ左側に見えるドーム型の建物の眩《まぶ》しさは異彩を放っていた。

ネットを探ると、キャバレー香港の一九八〇（昭和五十五）年当時のパンフレットを見ることができた。『12月ショーガイド』と書かれたゲストのラインナップは驚くほど豪華だ。

東京の有名人の名がずらりと並んでいる。由紀さおり、青江三奈、敏いとうとハッピー&ブルー、島倉千代子、五月みどり。他の月の宣材には、桂三枝、小林旭、山城新伍らの顔も見える。

さらに、ある業界紙のサイトで、編集者が昔の話を回想する一文に出会った。そこには、いまも新潟財界の一角を担う企業の会長との出会いが記されていた。

昼間の時間がとれない会長サイドが、初対面の場に指定したのがキャバレー香港。北島三郎がゲストで来るので、北島ファンの会長は『香港』に行く。だから、そこで会えばいい、というのだ。

こうした出会いの場は、ある時期まで料亭が主流だったろう。ところが、古い伝統を新しい潮流が凌駕《りょうが》し始めた。社交の場、接待の場に新たな流行が押し寄せたのだ。

新潟からお堀が消えた

「私が少女のころ、古町には縦横にお堀があって、舟がゆったりと行き交っていました」

懐かしそうに話してくれたのは、いまも新潟花柳界になくてはならない存在の福豆世《ふくとよ》姐さんだ。

「木の橋、石の橋、堀にはいくつもの橋が架かっていました。私の記憶違いかもしれないけれど、少しアーチ状の太鼓橋もあったように思います」

その話から思い浮かべる柳都・新潟の風景はおだやかで、〈風情〉が自然と流れている。

いまも地名に西堀、東堀、一番堀など堀と名のつく町が多いのは言うまでもなくその名残だ。かつては文字どおり堀が流れ、大切な水運の動脈となっていた。

資料をひもとくと、当時の新潟市内には百三十三もの橋があったという。堀と柳と新潟美人（古町芸妓）は、〈水の都〉とも呼ばれた新潟を象徴する情景だった。船頭が舟を操る風景と、どこからともなく聞こえる三味線や長唄のお稽古の響き。想像するだけで情緒豊かだ。

ところが、大河津分水が出来ると市内を流れる信濃川の水量が減り、お堀の水位も下がった。天然ガス採掘による地盤沈下の影響もあった。次第に流れが淀《よど》んで〈泥

新潟市中心部にまだお堀があったころ、西堀通りを歩く古町芸妓＝1961年

の川〉となり、お堀は「くさい、汚い」、疎まれる存在に変わった。夏になれば蚊の発生源となり、衛生上の問題も指摘されるようになった。

一九五五（昭和三十）年、新潟大火が起こると、人々は瓦礫《がれき》の捨て場に困ってお堀に投げ込んだ。いっそう美観は損なわれた。そんな中、六四年新潟国体を迎えるにあたり、「汚い堀を放置しておくわけにいかない」との機運が高まった。市議会は満場一致で堀の埋め立てを決議した。そして、新潟国体までにお堀はひとつ残らず埋め立てられ、道路に変わった。車社会に対応し便利になったと当時は多くの市民が思っていた。それが社会の趨勢《すうせい》、人々の気分・判断だった。

いま改めて〈豊かさ〉を求め、〈地方の個性〉を大事に思う時代にたどり着くと、高度成長期のその判断を空《むな》しくも感じる。近代化、欧米化を進めた中で私たちがおろそかにし、失ってしまったものの大きさに日本人の多くが気づき始めたのは最近のことだろう。

いまに伝わる《柳都》という美しい形容詞。新潟の風情を象徴していたお堀はこうして跡形もなく一掃された。

八千八川と呼ばれた堀が新潟の街から消えたのと、花柳界の隆盛が失われた背景は、どこか通じている。

「長岡の少年」の一九六四年

古町のお姐さんが「境になった年」と言った一九六四（昭和三十九）年に光を当てて、改めて〈実感〉してみたい。

私が《新潟・古町芸妓ものがたり》を連載する目的は、芸妓文化をただ礼賛し、単純に広報することではない。私たちは、本来大切にすべき宝物からなぜこれほど安易に目を背け、心を他に移して平気でいられたのか。同じように惨《むご》い仕打ちを、例えば家族に対してしても、してはこなかったか。もしかしたら自分に対してさえも……。そんな戒めと新しい気づきを求めて心の旅をしている。

二〇二〇年に迎える東京五輪は、一九六四年の東京五輪とは目的も意味も違う。それなのに、あの東京五輪の感激や成果を再現したいと目論《もくろ》む長老たちによって招致運動が始められた。それではいまやる意味がない。

私は長岡で生まれ育った自分に劣等感を抱いていた。東京に対して優越感を抱く思いはまったくなかった。大好きなプロ野球で活躍する新潟県出身者は当時ほとんどいなかった。

テレビに登場する有名人も多くなかった。子ども心に知っていた故郷出身の著名人は、田中角栄、サンダー杉山、ジャイアント馬場……。馬場が所属していた日本プロレスはNSTが開局するまで、一時期を除いて新潟では見られなかった。先に馴染《なじ》んだのはＢＳＮ（新潟放送）の国際プロレス。エースのひとりがサンダー杉山だった。毎週ほとんど勝利するメインイベンターだったが、あまり格好《かっこう》いいとは思わなかった。

〈長岡の少年〉にとっては、新潟国体でさえ、劣等感を刻む出来事だった。新潟国体の開催を心待ちにした。ところが、東京五輪が新潟国体を遥《はる》かに凌駕《りょうが》した。新潟国体は全国的な記憶にはならなかった。その年の終わりにクラスや学校で行う《お楽しみ会》で小学生たちが演じたのは、新潟国体でなく東京五輪で衝撃を受けた金メダリストたちの物真似《ものまね》だった。

マラソンで連覇を果たしたエチオピアのアベベはゴールテープを切ると表情ひとつ変えず整理体操を始めた。フルマラソンを完走すれば精根尽き果て倒れ込むと思い込んでいた常識を打ち破る姿に、目が丸くなった。重量挙げで金メダルを獲《と》ったソ連のジャボチンスキーの怪力にも衝撃を受けた。細かなルーティーンを重ねた上で、シャフトがしなるほど重いバーベルを頭上に差し上げる姿を、日本じゅうの子どもが真似をした。

一九六四年、日本人の眼《め》が向いた先は、我らが新潟国体でなく、東京五輪を通じて見た〈桁違いの世界〉だった。

テレビのある家が半数を超えた

一九六四（昭和三十九）年をテレビ番組で振り返ると、四年目を迎えたＮＨＫ連続テレビ小説は『うず潮』。新人林美智子を抜擢《ばってき》し、女流作家林芙美子の半生を描いた作品は最高視聴率四七・八％を記録した。二年目の大河ドラマは『赤穂浪士』。長谷川一夫、山田五十鈴、中村嘉葎雄らが出演し、いまも残る大河ドラマ史上最高視聴率五三・〇％を記録している。

フジテレビでは『忍者部隊月光』のほか、『新春ポピュラー歌手かくし芸大会』が始まった。ＴＢＳでは『七人の孫』『ただいま11人』、テレビ朝日では『木島則夫モーニングショー』が始まる。ほかに『ひょっこりひょうたん島』（ＮＨＫ）、『トムとジェリー』（ＴＢＳ）が始まった年でもある。

ＮＨＫがテレビの本放送を開始したのが五三（同二十八）年。当時の受信契約数はわずか約八百六十件。翌年一万件になり、五年後の五八年に百万件、翌五九年四月の皇太子ご成婚の直前に二百万件を超えた。六〇年に一日一時間ほどのカラー放送が始まり、六三年には日米衛星中継の実験放送が行われた。

私の自宅に白黒テレビが配達されてきたのはいつだったろう。近所では早い方だった。幼稚園のころ、茶の間に行くと、見知らぬ近所の子どもが何人もテレビの前に座っていた風景を思い出す。近所と言っても向こう三軒両隣の範囲ではない。どんな番組を見に来ていたのか思い出せないのは私が彼らより幼く、一緒に画面を見ていたのではないからだ。番組が終わると、「ありがとうございました」、口々につぶやいて玄関を出て行く。もらい風呂も普通の習慣、テレビのある家に見に行くのも珍しくない近所の交流だった。

そんな来客がほとんどなくなったのは、多くの家庭がテレビを購入したからだろう。受信契約数が一千万件を超え、テレビ普及率が四九・五％に達したのは六二（昭和三十七）年。〈テレビのある家〉が〈テレビのない家〉を上回ったのは、ちょうどこの頃だ。

そして六四年の東京五輪。

多くの日本人が、東京で行われている〈平和の祭典〉を、テレビ画面を通して目撃し共有した。新潟県民も、長岡の少年も同じだった。テレビが日本中の話題をひとつに集約し、国民の喜怒哀楽を操作できるほどの影響力を発揮する。社会や人々の思いがテレビに支配される恐ろしさに日本人がはっきり気づくのはずいぶん後になってからだ。

〈東洋の魔女〉と謳《うた》われた日本女子がソ連を破った女子バレー決勝戦は、最大視聴率九五％を記録した。

テレビが価値を作り出す時代

テレビに出ているものは「メジャー」で、テレビに出ないものは「マイナー」だという意識が、知らずしらず日本じゅうに広がったのも、カラーテレビが普及し始めた一九六四（昭和三十九）年ころだったかもしれない。

それまで世間で一目置かれる存在と言えば、特定の分野を究めた人や何かしら一芸に秀で、人望を集める人物であって、テレビとは関係なかった。ところが、テレビが大衆に直接インパクトのある情報を投げかける時代になって、有名人や新たな価値観はテレビによって作られるようになった。

古町芸妓はその余波を受けた、つまりテレビ的な価値観の外にあるため、世間から次第に忘れられがちになる存在のひとつだった。

テレビCMが影響力を持ち、数々の流行語が誕生するようになったのもこのころからだ。「飲んでますか」（三船敏郎）はアリナミン、「ファイトでいこう」（王貞治）はリポビタンD。「大きいことはいいことだ」のキャッチコピーがインパクトを与えた森永エールチョコレートの発売は六七年だ。

森永製菓のウェブサイト〈森永ミュージアム〉にこうある。

『国民所得の急激な上昇による国民生活の変化は、西洋菓子市場では華やかなチョコレート合戦となって現れ、大手メーカーがヒット商品を競った』

『森永は昭和三九年一月、ハイクラウンチョコレートを発売し、業界にいち早く「質の時代」を開いたが、昭和四〇年代に入り、カカオ豆の輸入価格が下がってきたタイミングをとらえ、昭和四二年の目玉商品として大型の板チョコ「エールチョコレート」の発売を決めた』

『さまざまな議論の末、「今までの日本は、小さな幸せ、慎《つつ》ましやかな幸せが美徳とされてきた。これまでにない速さで経済大国の道を歩みつつあるこれからは、もっとのびのびと胸を張って、大きいことはいいことだと主張しよう」という方向が決まった』

気球の上からヒゲの作曲家（指揮者）・山本直純が「さあ、のびのび行こう！」と叫び、大合唱が始まる。

「♪大きいことはいいことだ、美味《おい》しいことはいいことだ、大きく食べて、美味しく食べて、五十円とはいいことだ」

安くて美味しいのがいい。そういう大衆的な価値観が社会の大勢を占める中で、格式が高く、花代も必要、そして「テレビに出ない」「テレビに映らない」古町芸妓やお座敷から人々の心が離れ、古町花柳界の価値が日常的には忘れられがちになるのも、やむをえない時流だったかもしれない。

祇園甲部の芸妓

芸妓の実像を知る上で、興味深い本に出会った。題名は《芸妓峰子の花いくさ》。著者は京都・祇園の伝説的な芸妓・岩崎峰子さん。一九六五（昭和四十）年三月、祇園の舞妓《まいこ》さんになり、六六年から七一年まで六年間、売上ナンバーワンだった女性。全米で四百万部の大ベストセラーになった《メモワール・オブ・ゲイシャ》のモデルとも呼ばれる。

その岩崎さんが本を書いたのは、アメリカの本の中であまりにも「ゲイシャ」が歪曲《わいきょく》して描かれ、怒りを抑えきれなかったからだという。

峰子さんが所属した通称・祇園と理解されている花柳界は、正式には「祇園甲部」というそうだ。

桃山時代には御所の近く、出町の今出川付近にあったが、あまりに禁裏（御所）に近いということで、豊臣秀吉が伏見に移した。その後、八坂神社の門前に移転、それが現在の祇園と呼ばれる場所だ。

祇園甲部は、藩の取りつぶしをはじめ、廃藩置県、四民平等、爵位返上、財閥解体などで憂き目にあった武家や名家の子女の受け皿でもあった。一八七二（明治五）年、お茶屋当主、京都知事、大参事、京舞家元らによって祇園甲部女子職業訓練所会社（財団）も設立された。目的は、女性の職業としての芸を芸術と認め、「芸は売っても身は売らぬ」の精神を貫き、それを糧にした自立、地位向上を目指したものだ。峰子さんが端的にこう記している。

『一般の多くの人は、芸妓、芸者、娼婦《しょうふ》、売春婦などの違いをまったくわかっていず、自分の固定観念から、外国人の「フジヤマ芸者」認識と同様に、花柳界、花街を判断してしまい、祇園甲部や、その他の花柳界の芸者衆を、世の男性のお相手をするホステスまがいと思ってしまっているようですが、これははなはだ失礼千万なことだと思います』

さらに「水揚げ」「襟替え」に言及している。舞妓に出て二年が過ぎ、そろそろ「水揚げ」の儀式を前に、「ごひいきの誰かにお頼みするのか」と聞いたところ、おかあさんが、

『なにを言うてんのん。うちらは自立した職業婦人え。かたちだけしきたりどおりして、髪を変えたらええにゃ。そんなこと、誰に頼むこともあらへん』

そう教えてくれたという。花柳界でいう水揚げとは、ステップアップのための儀式なのだ。峰子さんは嘆いている。

『ところが、一般に、水揚げというと、なにか淫靡《いんび》なイメージがつきまとうのはどうしてでしょう』

岩崎峰子さん著「芸妓峰子の花いくさ」（講談社刊）

芸妓を志す女性が姿を消した

芸妓になる若い女性がいなくなったのは、

「キャバレーなどの洋風な娯楽に押されたからではありません」

きっぱりと、福豆世姐《ふくとよ》さんが教えてくれた。

「私がお座敷に出たのが昭和三十一（一九五六）年です。その後十年間、昭和四十一年までは毎年後輩がいました。新しい芸妓さんが出なくなったのは、その後からです」

昭和四十年代に入っても、芸妓さんは古町に総勢八十人から百人近くいたという。

「若い振袖さんからベテランのお姐さんまで、すごく層が豊かでした。先輩の芸はしっかりしていましたし、すごくバランスのいい時代でしたね」

しばらく新人が生まれなくても、あまり影響を感じなかった。お客様の数が減るわけでもなく、お座敷の賑《にぎ》やかさは変わらなかった。ご贔屓《ひいき》がキャバレーなどに奪われて花街に閑古鳥が鳴くこともなかった。

なぜ二十年も新しい芸妓が誕生しないのに手を打たなかったのか、不思議に思ったが実はこのような現実があったのだ。次第に変化を感じ始めるのは、十年近く経《た》ってからだという。

「後輩がみんな留袖になって、振袖がいなくなりました。それで『寂しいわね』と話したのを覚えています。でも若い子はまだ二十代でしたから、お座敷は華やかでした」

花街の名物・振袖さんがいなくなったのは寂しいが、古町花柳界は依然活気があった。

それにしても、なぜ芸妓を志す若い女性がぱったり途絶えたのだろう。福豆世さんは次のように推察してくれた。

「日本の経済状態がよくなったからでしょう。私たちの時代は高校進学ができる女性はひと握りでした。それがほとんど進学できるようになった。中卒で勤められる職場も増えました。貧困がやわらいで女性の選択肢が増えた、芸妓を選ぶ必要がなくなったのでしょう」

一九五五（昭和三十）年、女子の高校進学率は全国平均で四〇％台。それが六五年には七〇％近くに上がり、七五年には九〇％を超えた。

背景が少し見えた気がした。それにしても、八五年にもなると、最も若い芸妓が三十代半ばを過ぎる年齢になった。

（このままでは、いつか古町から芸妓がいなくなる……）

古町芸妓消滅の危機を現実に感じて、古町の賢人たちがついに動き始める……。

旦那衆に支えられた芸妓文化

気がつくと、古町でいちばん若い芸妓さんが三十六、三十七歳になっていた。二十代の芸妓さんがひとりもいない。

「新潟花柳界で、振袖さんと呼ばれる若い芸妓さんが二十年も出なかった。それはあと十年か二十年すると、古町から芸妓さんがいなくなるってことです」

一九八〇年代半ばを振り返ってくれたのは、柳都振興株式会社の初代社長を務めた中野進さん（八十六歳）だ。

「後継者のいない事業は必ず消滅する。このままだと古町の花柳界がなくなる。それでいいのか？」

誰彼となく、そんな不安を口にするようになった。

八〇年代の半ばといえば、八四年ロス五輪でスポーツが商業主義に舵《かじ》を切り、中曽根康弘政権下、田中角栄元首相が脳梗塞で倒れたのが八五年二月。同年、男女雇用機会均等法が成立、夏の甲子園ではPL学園高校の清原和博が一大会五本のホームランを打ち、エース桑田とのKKコンビで優勝を飾った。

ドリフターズの『8時だヨ！全員集合』が十六年の歴史に幕を閉じたのもこの年だ。

「どうしようか」

咲き誇る桜の下で、芸妓さんの写真撮影会＝新潟市の西堀（１９５６年４月）

古町花柳界の未来を案じる思いは次第に広がった。お座敷を活用する新潟財界人たちが首を捻《ひね》って考える。だが、名案が浮かばない。

「お前がやれとか、みんな人を当てにして、話が前に進みませんでした」

元々新潟の花柳界が発展したのは、古くから新潟港が北前船で賑《にぎ》わい、豊かな町だったからだ。

「芸能や芸術、文化は、すごくお金がかかります。資力が要ります。古今東西、ヨーロッパでも、音楽家や画家などの芸術家を支えて来たのは、王侯貴族などのパトロンです。

新潟には、江戸から明治、大正、昭和の終戦前まで、豪農や豪商がゴロゴロいた。一千町歩も持っていた豪農、米や海鮮を扱う豪商が古町の置屋さんを一軒か二軒ずつ支えていました。いわゆる旦那衆ですね。新潟で所帯を張る豪農や豪商で、古町の置屋さんの面倒をみていない人は、『甲斐性《かいしょう》がない』と軽蔑され、仲間外れにされる雰囲気があったそうです」

旦那という言葉の語源は、サンスクリット語のダーナから来ているという。『施す』という意味だ。文字どおり、旦那衆のダーナによって支えられ、繁栄を続けた古町花柳界が、旦那衆の衰退とともに、後ろ盾を失った。

戦前までの花柳界では、「古町芸妓の着物が日本一だ」との評判が全国に響いていたという。

古町の芸妓たちはこぞって最高の着物を求め、華やかさを競った。支えたのが新潟の豪農、豪商たちだった。

旦那不在の穴を誰が埋めるか

ところが、戦後の農地解放で豪農は土地を奪われ勢いを失った。小作人にとっては希望を拓《ひら》く改革だったが、タダ同然で土地を譲渡した豪農は青天の霹靂《へきれき》。一千町歩もの田んぼを持つ権勢を背に、見返りも求めず置屋を支援する豪気はもうできなくなった。豪商も、財力はあっても商法上、税法上の制約が厳しくなって、置屋を支える出費は簡単に許されなくなった。

終戦で旦那がいなくなった。

「旦那の後ろ盾を失って、置屋が若い芸妓を育てる力がなくなった。その影響がいちばん大きかったでしょうね」

中野進さん（初代柳都振興株式会社社長）が言う。踊りも作法も、何もかも未経験の少女を芸妓に育てるには相応の労力と熱意と、そして多額の資金が必要だ。

「着物も買ってやる、踊りを習わせる、年月と費用をかけて置屋が芸妓を育てるのだけれど、途中でやめてしまう子もいる。それは全部、置屋の損失になります。旦

着飾ってカルタ遊びを楽しむ大正時代の古町芸妓（新潟日報事業社「新潟県の100年風俗編2」より）

那がいたころはそれも補えたけれど、旦那がいなくなったらそういう出費は全部、置屋の経営を圧迫する形になりました」

最盛期には四百人もいた古町芸妓が、年を追うごとに減っていく。平山敏雄・新潟日報社元社長の著書《新潟芸妓の世界》にも次のように記されている。

『衰退を憂えて、昭和五十年には三業界を中心に復興のための調査が行われたりしたが、このときは石油ショックの影響もあって、復興策は実らなかった』

それからまた十年以上、新潟の財界人は古町花柳界の行く末を案じてはいるが、具体的に何もできないまま月日が流れた。一方で花柳界の火が衰えたわけではなかった。

「料亭を求めるニーズはたっぷりあったのです。オイルショックもありましたけど、まだ世間がワーッと儲《もう》かっていた時期です」

折しも、後にバブルと呼ばれる好景気が始まろうとしていた。若い芸妓が誕生しないだけでなく廃業する置屋も増え、いよいよ花柳界の消滅がカウントダウンに入り始めた……。そんなとき、中野さんの中で起死回生のひらめきが浮かんだ。中野さんが振り返る。

「思いついたのは《宝塚歌劇団》でした」

第二章

芸妓の会社

〈柳都振興〉の誕生

古町の花街は代々、旦那衆の支援で成り立ってきた。ところが、農地解放や税制改正などで剛毅な旦那衆が姿を消した。後ろ盾を失った花柳界は存亡の危機に瀕した。そんな中、「地元有志で株式会社を作って、会社で芸妓さんを支えよう」との声が上がった。

古町花柳界を救うため「何かしなければ」との焦燥がいよいよ募ったのは、中野進さんが新潟交通社長に就任してまだ二、三年目、一九八〇年代の半ばすぎだった。

「私はちょうど新潟商工会議所の観光サービス部会長も務めていたので」

古町花柳界を救う事業の先頭に立たなければいけない、そんな雰囲気を感じていた。

新潟のことだから新潟でやる

「新潟交通はバス事業を中心に、佐渡も含めた観光施設の経営もしていましたから、古町花柳界の存続と発展は本業と関わりのある事業でもありました」

そして何より、中野さんには幼いころから芸妓さんたちと自然に触れ合い、親しみを持って育った愛着があった。

「私のじいさん（中野四郎太・新潟交通初代社長）も花柳界のパトロンでした。置屋の一軒か二軒か、支援していたのだと思います。

子どものころから、和服姿の芸妓さんがしょっちゅう自宅に遊びに来ていて、家族ぐるみの付き合いでした」

大学時代、新潟に帰省すると鍋茶屋などの料亭に同級生を連れて一緒に遊んだ経験もある。それは、祖父があえて容認した帝王学でもあった。友人も含め、若いころから花柳界に馴染《なじ》むことが文化の継承になる……。

そんな風に、古町花柳界の空気に肌で親しんでいる中野さんが窮余の一策として思いついたのが《宝塚歌劇団》だった。

「百年以上も前、阪急電鉄の創業者・小林一三さんが宝塚温泉に大劇場を作った。それがいまも芸能文化を築いている。阪急電鉄が中心になって宝塚歌劇団を創った。ならば新潟にも新潟交通が中心になって古町芸妓《げいぎ》を支える文化を創ったらどうだろう?」

幸い新潟交通は観光事業者だから、定款に「観光およびそれに関連する一切のこと」とある。だが、一社でやるのでは意味がない。

新潟財界の仲間たちと一緒に古町花柳界を支える、そこに意義があると中野さんは考えた。

「大旦那はいなくなった。だったら資金を出し合って、みんなで旦那集団を作ろう!」

中野さんの呼びかけに仲間たちがすぐ反応した。

「商工会議所の主要メンバーに話したら、資金はすぐに集まりました」

一社五十万円から百万円ずつ、約八十社で七千万円の資本金が集まった。東京に本社のある企業からも「応援したい」と申し出があったが、丁重に断った。

「新潟のことだから、新潟でやります」

新潟の財界約八十社で出し合った資本金七千万円で会社を作った。

「どこか一社が突出していてはまずい」

との判断から一社ほぼ百万円ずつ。新潟交通も同じ割合だ。古くから新潟は〈柳の都〉と呼ばれる。その名を冠して、会社名は《柳都振興株式会社》とした。

「言い出しっぺだから、お前がやれとなって、私が社長に推されました」

一九八七（昭和六十二）年十二月九日、新潟交通社長で新潟商工会議所の観光サービス部会長（いずれも当時）だった中野進さんが社長となって、新しい会社が設立された。

宝塚方式の会社を創った

中野さんが「宝塚歌劇団から思いついた」というのは、柳都振興という会社がどうやって芸妓の誕生を後押しし、支えるかの仕組みについてだ。

「宝塚歌劇団には学校がありますね。まず会社が、団員になりたい少女を生徒として受け入れ、教育する。卒業後、社員として会社が採用する形です。私たちもこの〈宝塚方式〉を手本にしました」

宝塚音楽学校で2年間の教育を受けた卒業生の中で、認められた者が宝塚歌劇団に入団を許される。歌劇団は阪急電鉄の直営だから、団員は入団時に阪急電鉄と雇用契約を結び、正社員となる。その仕組みはいまも変わらない。中野さんたちは、

芸妓を育て、支える柳都振興株式会社の設立総会＝1987年12月、新潟市の三業会館

これを参考にした。

「言ってみれば、置屋を株式会社化したわけです。置屋の代わりに、柳都振興という会社が芸妓を育てる。その資金はみんなで出し合い、会社が旦那になる」

育てた芸妓をその後もサポートし続ける。宝塚音楽学校と歌劇団が一体となったような組織。新たに誕生する芸妓さんは、柳都振興が正社員として採用する。芸妓の育成と派遣を生業とする。

全国でも初めての株式会社が新潟で誕生した。

「お給料は、高卒女性の一般的な初任給の倍に設定しました」

まだ世間には、芸妓に対する誤った理解も根強くあった。

優秀な人材に出会い、格式の高い古町芸妓文化を担ってもらうため、それにふさわしい条件を整えた。

「住居は会社がワンルーム・マンションを借り上げて貸与する。社会保険を完備したのも、花柳界では日本で初めてでしょう。着物も貸与、足袋も支給します。衣装や髪結い、個人負担は一切なしです」

従来の若い振袖さんから見れば信じられないほどの好待遇。

ところが、応募してくれる女性がなかなか現れなかった。

「新採用は、思った以上に大変でした。芸妓になりたいと言ってくれる若い女性は最初なかなかいませんでした」

新潟・古町から振袖さんの姿が消えて十年が経《た》っていた。芸妓さんは、普段からお座敷を利用している財界人には馴染《なじ》み深い存在だが、一般の人々にとって遠い存在。

〈新潟に伝統的な花柳界がある〉という認識さえ薄れていた。時代は移ろい、女性の職場は山のように増えた。長年の修業や熟練の技を必要とせずに稼げる仕事が昔と違っていくらでもある。

（花柳界は古くて閉鎖的なイメージもあるから敬遠されるかもしれない）

それは事前にわかっていた。だから、柳都振興株式会社は、従来の花柳界の常識にとらわれず、新しい待遇を用意した。

結婚は自由、産休も取れる

「結婚は自由。他の会社と同じく、産休も認めました」（中野進初代社長）

かつて花柳界では、結婚後も芸妓を続けることは許されなかった。結婚したら芸妓を辞めなければならない。それは、宝塚歌劇団の団員も同じだ。宝塚の舞台に上がるのはいまも未婚の女性に限られる。

柳都振興株式会社は、その因習もいち早く改革した。だが、すぐには世間の理解

柳都振興株式会社1期生のお披露目。あでやかな姿で舞った＝1988年1月、新潟市の三業会館

や賛同を得られなかった。

「最初のころ、入社の案内をすると、女衒《ぜげん》のように言われたこともありました」

中野さんが苦笑いする。女衒とは、『主に若い女性を買い付け、遊郭などで性風俗関係の仕事を強制的にさせる人身売買の仲介業』（ウィキペディア）。芸妓の本質を理解しない世間の壁が立ちはだかった。会社案内の際は、芸妓の誇り、芸妓文化の気高さから力説する必要があった。

「あのころは、化粧品のデモガール、喫茶店のウエートレスなど、綺麗《きれい》な制服を着て働ける場所がたくさん出てきていましたから、若い女性の目がまずそちらに向くのは仕方ありませんでした」

一方で、従来からの置屋を本拠に古町花柳界を支え続けていた芸妓さんの微妙な反応もあった。中野さんはこう感じたという。

「若手の芸妓さんたちには、いささかの動揺もあったと思います。三十六、三十七歳まで、自分たちがいちばん若い芸妓として、古町花柳界で売れっ子だった。若い振袖さんが誕生すれば、主役はそちらに奪われる……。もっと上の世代のお姐さんたちは柳都振興を歓迎してくれましたが、若い世代は当初、あまり好意的ではなかったかもしれません」

花柳界の衰退は、新潟・古町だけの現象ではなかった。全国の賑《にぎ》やかな繁華街には必ずといっていいほどあった花街が勢いを失い、大半は風前の灯火《ともしび》となっていた。そんな中、〈芸妓志願者を正社員として採用し、会社が一から育成・支援する〉株式会社方式の柳都振興は画期的な試みだった。

成否は誰にも読めない。だが、やってみるしかない、成就させなければ古町芸妓文化が消滅する。使命感と不退転の覚悟だけが中野進さんをはじめ、資本参加した地元約八十社を衝《つ》き動かしていた。

その中核となり、宝塚方式を発想した中野さんにはどのような背景があったのか、少し光を当てておきたい。

〈夢を売る町〉をつくった男

「この本を読んでみてください」

中野さんから渡された一冊の本、《文明の先駆者　起業の人「中野家」の志》（大橋晋哉著）の冒頭に、『廃墟《はいきょ》からの出発』という見出しとともに次の一節が印象的に綴《つづ》られている。

『寒い日の夕方だった。昭和四十六（一九七一）年十一月、立冬も過ぎている。一人の男が、万代橋に近い歩道橋の上から広大な空き地を見渡していた。（中略）男はやがて、傍らで身を寄せるように立っていた新潟交通取締役企画室長・中野進に

旧ダイエー新潟店（現ラブラ万代）が立つ前の万代地区＝1972年12月、新潟市

顔を向けて口を開いた。

「いいとこやなあ。やりましょう。やるならでかく出よう」

万代シティ構想が、実現へ大きく踏み出した瞬間だった。男の名は中内㓛《こう》氏。総合スーパー・ダイエーの総帥である』

いまは新潟市民にとって当たり前になっている万代地区の商業地域。万代橋の新潟駅側のその付近は、長く空き地となっていた、店も遊ぶ場所も何もない空白の土地だった。これを現在まで続く繁華街にした仕掛け人が新潟交通であり、その担当者が誰あろう中野進さんだった。

その日、中内氏と中野さんが見つめた先には、七年前（一九六四年）の新潟地震で破壊され、ゆがんだままになっている倉庫や整備工場の雑然とした風景があった。新潟駅と古町の中間にある二万坪（約六・六ヘクタール）もの広大な土地が、荒れ果てたまま放置されていた。

（そこに市民が望み、新潟全体の役に立つものを作る。そうすれば必ず、新潟地震で街が壊れ、大きな打撃を受けた新潟は復興する）

一年後、中野さんが中心になって練り上げた計画を新潟日報はこう報じている。

「〝夢を売る町〟めざす　新潟交通が副都心づくり」

ダイエーが万代地区にオープンしたとき、〝新潟〟の人たちは懐疑的だったと、《起業の人「中野家」の志》に記されている。

「古町、本町から万代橋渡って、わざわざ買い物に行く人が、なんしてあろうばさ」

ダイエーが新潟進出を検討し始めたとき、候補に挙げたのは現NEXT21周辺だった。この構想を知って接触し、万代への誘致を提案したのが中野進さんだ。新潟交通社内にプロジェクトチームが立ち上がったのは一九七〇（昭和四十五）年、決断したのは中野武夫社長（当時）。進さんが企画開発室長に指名された。

「新潟地震で大きな打撃を受けた会社の施設を、新潟交通ではだましだまし修復しながら使っているうち、あっという間に五年、六年が過ぎていました。こんなこと、いつまでも続けていられない、そういう思いが社内にありました」

新潟を東京に吸い取られるな！

さらに、行動を起こさなければ手遅れになる、背中をドンと押される大きな衝撃が、東京からもたらされた。

佐藤栄作政権下、自民党内そして政界で田中角栄幹事長が大きく力を伸ばしていたころ。その年七〇年に〈全国新幹線鉄道整備法〉が公布され、翌七一年一月には上越新幹線の基本計画を「適当」と認める答申が出された。新幹線実現の動きが一気に加速した。

新潟伊勢丹のオープン。開店と同時に３０００人以上が押し寄せた＝１９８４年４月、新潟市

「上越新幹線　年内着工へ」
「5年後完成　新潟－東京間100分に」
新潟日報一面に大きな見出しが躍った。前出の本にはこう綴《つづ》られている。
『上越新幹線の開業や高速道路整備は、中野進らの背中を後押しした。進は「とっさに思った」という。「上越新幹線と高速道路が開通する。このままでは交通の動脈という〝太いパイプ〟で東京へ、何もかも吸い出されちゃうぞ、という危機感でしたね」

彼らは危機感をバネに変えようとした。

「逆に活用して、東京へ行かないように、むしろ新潟へ引っ張り込む。そのためには新潟に強力なマグネット、磁石がないとね。日常の買い物、身の回りの物、ファッションもそうです。そこそこ新潟でまかなえるようにしないと大変なことになる。そう思ったね」』

上越新幹線開業（八二年）の一年半後、新潟伊勢丹が開業した日。上越新幹線を利用した客が東京から新潟に押し寄せてきた……。

大きな荒波に立ち向かう新潟が、波にのみ込まれるのでなく、波を追い風に変える新しい生き様を模索し始めた。

東京から人を呼ぶマグネット

上越新幹線が大宮―新潟間で開通した一九八二（昭和五十七）年十一月、私は出版社の契約スタッフとして東京で働いていた。故郷・長岡に帰る気はまったくなかった。幼いころからずっと遠くに東京を見て、大都会で何者かになる未来を胸に描いていた。

新幹線ができれば、東京が近くなる。自分にとっては帰省が楽になる。それくらいしか考えなかった。ところが、その当時すでに、「東京から新潟に人を呼び込む」、まったく逆の使命に燃える人たちがいた……。

「新潟に強力なマグネットがあれば、新幹線を利用して、東京の人が新潟に来る！」

なんとたくましく、誇り豊かな発想だろう。

では一体、何でもあってすべてが華やかだと私が思い込んでいた都会の人を引きつけるマグネットとは何か？　中野進さんが言う。

「新潟ではサミットに関連した大臣級の国際会議が三度開催されています。そのおもてなしで、世界のＶＩＰたちが間違いなく感動する場所が新潟には二カ所あります。ひとつは豪農の館・北方文化博物館です。米文化の集大成。茶室あり、日本庭園あり、豪農時代の木造の館がいまも呼吸し、生き生きと存在している。

そしてもうひとつが、古町のお座敷、芸妓さんです。打ち上げパーティーで、振

華やかな芸妓の舞い。左側の2人はこのころ新人だった＝2011年、三業会館

袖さんが襖《ふすま》を開け、お銚子《ちょうし》を持って姿を現すと部屋全体がどよめきます。VIPはみな大感激、夢見心地で帰ってくれます。まさに新潟が世界に誇るオンリーワンの伝統文化です」

VIPたちがどよめく……。

それほど圧倒的なマグネットを持つ地方都市が他にどれほどあるだろうか。東京どころか、世界中から要人たちをも吸い寄せる魅力を持つ芸妓文化。これを新潟は七〇年代、八〇年代、消滅させる寸前まで放っていた。

皮肉なことに、中野さんが仕掛けた万代副都心は市民の支持を得て、新たな新潟の繁華街に育った。それが図らずも、古町の活気を奪う結果になった。古町全体の衰退は、いま新潟の大きな課題となっている。だからこそ、改めて、古町に活気を取り戻し、東京から全国から世界から、人々を吸い寄せるマグネットを古町に再興しなければならない。

古町花柳界の再興は、消えゆく伝統を保存するための、「文化財保護」程度のプロジェクトではない。

それは、新潟市最大のキラーコンテンツにもなり得る、世界から人を呼び込む強力な観光資源、新潟が歴史的に受け継ぐ貴重な財産なのだ。

「でっかい男になりたい」

少年時代そして青年期、漠然と抱いていた志はそれだった気がする。

「東京に出て、世のため人のために生きたい」

昭和四十年代、長岡で育った私の視線の先にあったのは東京であり、いつか世界を股《また》にかけて活躍する夢を描いていた。

世の中全体が、スケールの大きな人間を尊敬し待望し、不意に登場する傑物を歓迎していた……、そんな空気が充満していた。

だが、平成になり二十一世紀になった日本は、どんどん粒の小さい人間ばかりを生み出す窮屈な世相になっていないだろうか。

古町花街の取材を重ねるうち、花柳界が静かになったのと、そうした世相が無関係でないように感じ始めた。

事業家、芸術家たちの秘密基地

例えば古町花柳界の〈旦那〉のひとり、新潟交通・中野四郎太初代社長の豪快伝説がある。

酒が飲めなかったのに鍋茶屋にずっと居ずっぱり……。大正から昭和にかけて、電力事業に力を注いでいたころの話。「芸に惚《ほ》れた」と言って芸妓・勝利を贔屓《ひいき》にした。勝利は「立ち方の名手」といわれ、十八番の『お夏・清十郎』を踊らせると

新潟市古町の料亭には政財界の有力者が頻繁に訪れた。写真中央は田中角栄元首相＝１９８４年10月

真に迫って見る者を圧倒した。本にはこう綴《つづ》られている。

『電力を率いていたころの四郎太の生活ぶりを振り返る。四郎太は夕刻、鍋茶屋さんでひと風呂浴び浴衣に着替えて、それからが会社経営の仕事の本番。役員を呼んでは、重要な経営会議だ。席を同じくする芸妓は、当然商売敵の芸妓では困るわけで、贔屓というか味方の芸妓を脇に置くのが常識だった。

「いまではとても通用する話ではありません」と中野進。酒も飲まない四郎太が毎日料亭に陣取るのは、まさに仕事上の都合というわけだが、当時の事業家の雰囲気が伝わってくる話ではある』

この頃の〈偉人〉はスケールが違う。傑物が生まれる時代の空気と、古町花街の存在は無関係ではなかっただろう。

古町花柳界を愛し、しばしば訪れていた歴史上の人物の名は様々な書物に登場する。ただし、お座敷での素顔を口外しないのが〈わきまえ〉だから噂《うわさ》にするのは野暮《やぼ》だ。古町の花柳界は〈口が堅い〉ことで有名だった。事業家や芸術家たちが、常人の思いつかない発想をひらめく創造力、そして実現する行動力と粘り強さの陰には強烈なエネルギー源が必要だ。彼らの重要な〈秘密基地〉が古町の花街であったとしても不思議ではない。

郷里の偉人の共通項

私は一九五六（昭和三十一）年、長岡に生まれ、高校卒業まで長岡で育った。当時、大志を抱く若者が仰ぎ見る郷里の先達は河井継之助《かわいつぎのすけ》、山本五十六《やまもといそろく》、そして田中角栄らだった。正確に言えば継之助の存在をはっきり知ったのは上京後だ。幼少時、自宅からいまのアオーレ（当時の厚生会館）までマラソンをする道すがら、『河井継之助生家跡』と書かれた粗末な木札を見た記憶が残っている。それが誰なのかは教えられなかった。

書店の貼り紙で『司馬遼太郎著《峠》』の存在を知ったが、長岡との関係を教えてくれる大人はいなかった。調べてみると最初の出版は六八年。小学校六年のころだ。それほど戊辰戦争で長岡を火の海にした、官軍に最後まで抗戦したため新政府から長く冷遇を受ける要因を作った継之助に対する地元の空気は冷たかったのだろう。

上京後、《峠》を読んで衝撃を受けた。長岡に生まれ育った劣等感を携え大都会の片隅でくすぶっていた私は、百年以上も前に、これほどの豪傑が長岡にいたこと、列車も車もない時代に全国を駆け巡り、たくましく行動した事実に仰天した。大いに励まされた。

それまで、長岡の人の多くは枠からはみ出さない堅実な生き方をする、自分はその気風からはみ出している、居心地の悪さを感じていた。自分だけなぜ志向が違うのか、戸惑いもあった。《峠》で河井継之助に出会って、長岡にも熱い気概を持つ先人がいたと知って勇気を得た。行間から伝わる継之助の人間味、行動の基にある感性や意気のひとつひとつに共鳴した。畏れ多いが、自分と似ている、と深く心が躍った。

しかし、だからといって自分が継之助ほどの行動ができるかとなると自信がなかった。大きな違いがあったからだ。継之助にあって自分にないもの。それは、花街での豪快な経験とためらわず口外できる大きさだった。私は、高校教師の母に育てられ、異性との付き合いに潔癖すぎる観念を植えつけられていた。お酒を飲むことにさえ罪悪感を覚える青年だった。

後に山本五十六の評伝を読んだ時もほとんど同じ感激と失望を味わった。五十六もまた、花街での武勇伝に彩られた偉人だった。自分は郷里の才人たちと同じような感性と発想を持ちながら、決定的に足りない資質と経験があると気づかされた。でっかいことをやりたいが人間が小さい。

花街での経験のなさが致命的な度量不足につながっている、その時になって器の不足をつくづく痛感した……。

長岡市の河井継之助記念館に立つ等身大の銅像。「風雲蒼龍窟」の名がつく

幻に終わった田中角栄の夢

田中角栄元首相が古町のお座敷をしばしば利用していた話はよく知られている。古町花柳界の大旦那のひとりだった中野四郎太さんとも昵懇《じっこん》の仲だった。

「角さんがいちばんピンチだったとき、うちのじいさん（中野四郎太）がポンと一億円を貸して助けてあげた。その恩を角さんはずっと覚えていたのです」

中野進さん（柳都振興初代社長）が目を細めて、話してくれた。

一九五五（昭和三十）年、若手代議士だった田中角栄元首相は、社長を務める長岡鉄道の経営難や特別背任容疑などで苦境に陥っていた。株主総会で「借入金返済のために一億円が必要」と提案された。数年間で二億数千万円の赤字を計上していた長岡鉄道にその余力はない。そのとき、資金を提供したのが中野四郎太さんだった。

「若いが筋の通った男だ」「将来性を買う」と四郎太さんが語っていたと、進さんが前出の書籍の中で証言している。

「角さんは、新潟に来ると真っ先にうちに寄られました。好物はオールドパーとカリカリに焼いた塩引き鮭。これに醤油《しょうゆ》をたっぷりかける。『甘くなって美味《うま》い』と言ってね」。進さんにとって角さんは、子どものころから知っている親しいおじさんだった。

長岡鉄道電化の完成記念式典であいさつする田中角栄氏＝1951年

四郎太さんが六四（昭和三十九）年に他界した後も、角さんは変わらず中野家を訪れた。

進さんがよく覚えているのは、七二（昭和四十七）年九月、日中国交正常化を果たし、意気揚々と帰国した直後の出来事だ。

「北京から帰ってすぐ新潟の自宅に来られた。上機嫌でオールドパーを飲み、塩引きを食べながら、『次はソ連に行くぞ』と言ったのです」

田中角栄首相（当時）は進さんに言った。

「ソ連から北方領土を取り返してくる。地下資源がソ連の地下にはたくさん眠っているが、資金と技術がなくて活《い》かせない。その資金と技術を日本が提供する代わりに北方領土を返してもらう。ソ連にとっても絶対いい話だろう」

進さんは胸が高鳴った。この人なら必ず実現するだろう、水面下で着々と進めているのだと期待していた矢先、七四（昭和四十九）年に『田中金脈問題』が報じられ、退陣に追い込まれる。

「あと少し角さんが首相でいれば、北方領土は返ってきていたのではないか、そう思うと本当に残念です」

祖父の代から親しい進さんだから聞かされた宰相の大志だった。

柳都振興の船出を支えた二人

一九六〇年代半ばから八〇年代半ばまで、新しい芸妓が二十年以上も誕生しなかった。その状況を打破し、古町花柳界を救うため、新潟の企業八十社が協力して〈柳都振興株式会社〉を設立した経緯はすでに綴《つづ》った。改めて、その草創期に光を当てよう。

「正社員として芸妓志願者を採用し、会社が育てる。給与は高卒初任給の倍を出す」

社会保険完備、産休も保証する。かつての花柳界にはない画期的な待遇と環境を用意して、柳都振興はスタートした。ところが、自ら志願する女性はなかなか現れなかった。

当時の若い女性は、芸妓さんという仕事を身近に感じていない。どんな仕事内容なのか、誤解もあるようだ。初代社長を務めた中野進さんは、説明なしに魅力を感じてくれる女性は少ないだろうと予想していた。だから、予《あらかじ》め手を打って、会社をスタートさせた。

「柳都振興を立ち上げるにあたって、私はこれぞと思うメンバーを集めました。どちらかといえば、個性の強い連中です（笑い）。その中でも、とくに重要なスタッフが二人いました」

中野さんが敬意に満ちた顔で教えてくれた。

柳都振興株式会社の1期生。振り袖姿でお披露目のあいさつをした＝1988年1月

「ひとりは石川寛さん、いわばお父さん役。もうひとりが田中喜美さん、置屋さんで言えばお母さん役です」

石川寛さんは早稲田大学文学部で学んだ後、新潟日報に務めていた。その後、父親が同族会社の中野組にいた縁もあり、新潟交通に入社した。

「バスガイドさんの指導係を担当してもらっていました。文学的なセンスがあったから、観光ガイドの原稿なども石川さんが作ってくれた。何百人ものバスガイドさんを育てた経験から、若い女性の心理をよくわかっている。教え方、接し方も熟知しているので、芸妓さんの指導にうってつけでした」

それに加えて、石川さんは多方面に人脈を持っていた。そのネットワークを生かして、これぞと思う女性に話をし、「芸妓になりたい」「なってもいい」という女性を探してもらった。

石川さんが声をかけ、少しでもその気がありそうな女性を会社に呼び、中野進さんが面接した。中野さんが振り返る。

「石川さん、田中さん、この二人がいなければ、柳都振興は成功しなかったでしょう。たぶん私は、二人が引き受けてくれなかったら、柳都振興を作っていなかった、作る前の段階で、断念していたと思います」

VIPと友だちになれる仕事

「これは新潟の文化を継承する大事な仕事なんだよ。芸妓さんは、他の接客業の女性たちと違う、グレードの高い仕事です」

中野進さん（柳都振興初代社長）は、面接に来る女性たちに芸妓の誇り高さをまずそう説明した。

「お座敷で出会ったお客様と、お友だちになれる。

有名な作家、政治家、実業家、東京からもたくさんのお客様がお出《い》でになる。

普通は知り合いになれない、会うことだってできない人たちと親しくお話ができる仕事は、新潟では他にないでしょう」

その話を聞いて、眼《め》を輝かせる女性は脈がある。関心を示さない女性は芸妓には向かないかもしれない。

中野さんは、いわば〈スカウト部長〉に任命した石川寛さんが連れてくる女性とひとりひとり面接して、採用するかしないかを判断した。

「芸妓さんになってあなたが直接お座敷で会えないのは、天皇陛下、皇后陛下、皇太子殿下、皇太子妃、この四人くらいかな。外国の大統領だってお見えになることがあるんです」

実際、歴代の総理大臣も何人か来ていた。考えてみれば、このような要人たちと身近に接する仕事が新潟で他にあるだろうか。しかも、日頃から磨き上げた踊りなどの芸をお見せすることで、一目置いてもらうこともできる。つまり、ただご接待するだけでなく、年齢こそ離れているが、お互いに認め合う〈友だち〉になることもできる。

石川寛さんの人柄とネットワークのおかげで、芸妓志願の女性たちが次第に集まってきた。中野さんは、予《あらかじ》め想定していた条件に合う女性たちを選ぶことができた。やはり、古町芸妓に相応《ふさわ》しい品格と格式を身につける素養がなければ、いくら〈若い芸妓不足〉が深刻といえども適性に欠く人では評判を落とすし、長続きしないだろうからだ。

「百貨店の化粧品売り場のマネキンさん、喫茶店の店員さん、専売公社（現ＪＴ）のキャンペンガールなど、接客業の経験者が多かったですね。高校を出たばかりの十八歳がひとりいました。あとは、二十代前半の女性ばかりでした」

中野さんが社内から石川さんを抜擢《ばってき》し、白羽の矢を立てた人事が功を奏した。心配された人材確保はこうして果たされた。

一九八七（昭和六十二）年の暮れまでに、柳都振興株式会社の船出を飾る一期生十人が揃《そろ》った。

1期生のお披露目には、知事や商工会議所会頭ら政財界の大御所も参加した＝1988年1月、三業会館

「石川寛さんがお父さんなら、田中喜美《きみ》さんは置屋のお母さん役でした」

中野進さん（柳都振興初代社長）が言う。

「私のじいさん（中野四郎太）は、越中屋の力弥《りきや》姐さんをひいきにしていました。じいさんと気が合ったんですね。私の自宅にしょっちゅう、麻雀《マージャン》をしに来たりしていました。力弥姐さんは、古町花柳界の名の通った地方《じかた》の親分でした。その力弥姐さんのお嬢さんが田中喜美さんでした。

越中屋さんとは親戚づきあいをしていましたから、私も子どものころから二歳年上の喜美さんと一緒によく遊んでいました。気心の知れた間柄です」

喜美さんは置屋に生まれ育ったが、芸妓にならなかった。

「新潟高女を卒業して、お嫁に行き、社長夫人になったんですね。ところが、五十歳前後でしょうか、不運にもご主人がゴルフの最中に落雷に遭って、亡くなられたのです」

絶対必要な、置屋のお母さん

置屋を株式会社化する。会社が芸妓を採用し、衣装や道具を貸し出す。社会保険も完備し、待遇も手厚く保証する。とは言っても、日常の仕事やしきたりは、それまでと変わらない。置屋が柳都振興に変わるだけで、置屋機能が不要になるわけではない。

"母"の志受け継ぎたい
柳都振興支配人 田中喜美さん死去 芸妓から惜しむ声
三業会館の楽屋で芸妓の着付けをする在りし日の田中喜美さん（右）＝新潟市中央区（2008年1月撮影）
古布の魅力 手芸で表現

田中喜美さんの死を伝える新潟日報朝刊。多くの芸妓が別れを惜しんだ＝2012年2月23日

（どうしてもお母さん役がいる……）

芸妓さんたちのお座敷を手配し、玉代を計算するなどの〈検番〉とのやりとりは、もちろん欠かせない。お座敷に出るために、白塗りの化粧をする。顔のお化粧は自分でできても、襟は必ず誰かの助けが必要だ。着付けもひとりではできない。こうしたお手伝いをしてくれる上に、若い芸妓さんの日々の悩みや困り事の相談に乗ってくれる話し相手も重要だ。

（置屋を支えてくれるのは、お母さんだ）

それを思ったとき、中野さんの頭にすぐ、田中喜美さんの顔が浮かんだ。

「喜美さんなら、花柳界のことを全部知っている。古町花柳界に知り合いも多い。『ぜひ、柳都振興のお母さん役にうってつけだと思って一生懸命、口説きました。『ぜひ、新潟の為《ため》にひと肌脱いでもらえないか』と」

花柳界を背にして三十年以上経《た》ってから、まさか花柳界に関わるとは、考えてもみなかっただろう。

中野さんの熱意におされ、喜美さんはこの役目を引き受けてくれた。喜美さんが仲間に加わってくれると決まって、中野さんは「柳都振興のアイディアを実行に移せる」と確信した。

作られた芸妓は認めない

芸妓さんを社員とする《柳都振興株式会社》は、父親役の石川寛さん、母親役の田中喜美《きみ》さんを得て、十人の一期生とともに船出した。だが、その実現には〈強い逆風〉もあったのだという。

「そのころの芸妓さんはほとんどが、中学を卒業してすぐ、十五歳でこの道に入った人です。

二十歳を過ぎてから、何も知らずに芸妓になって何ができるのか、という反発が一部にありました。そのころ一番若い芸妓さんで三十七、三十八歳でしたが、二十歳前後の芸妓が誕生したら自分たちの仕事を取られるんじゃないか。心配した人も中にはいたようです」

中野進さん（柳都振興初代社長）が教えてくれた。

苦労して芸を磨き、この道に人生をかけてきた。そのプライドが許さなかった。会社に保証され、優遇される条件への反発もあったのかもしれない。

（そんなに甘いものじゃない）

という、漠然とした抵抗感のようなものがあって不思議ではなかった。

実際に、当時すでに古町花柳界で活躍し、柳都振興発足を間近で見てこられたお姐《ねえ》さん方に、芸妓さんたちの思いや動揺を尋ねてみた。二〇一七年の置屋組合長の

柳都振興草創期の踊りの稽古。この道に入りたての芸妓さんが厳しい指導を受けた＝1989年

たまきさんと、二〇一八年の置屋組合長の美和さん。ふたりはこう教えてくれた。

「柳都振興ができるとき、それを認めるかどうか、総会を開いて議論しました。私たちは、給料制で社員という新しい会社がどんなものか、すぐ理解できませんでしたが、若い芸妓さんが出ないことに危機感を抱いていましたから、賛成に回りました。

けれど、総会でものすごく反対した人が二人くらいいました。柳都振興ができてすぐ、やめた人も、七、八人いましたね」

中野さんが振り返る。

「当初は心配や反対する声もありましたが、最初だけでした。一期生の十人に、『とにかく一年だけは続けてほしい』と頼んでいました。一年経《た》って、二、三人がやめましたが、他はずっと続けてくれました」

それから三十年が経ち、柳都が育てた芸妓は「柳都さん」、それ以前から活躍している芸妓さんは「お姐さん」と呼ばれ、両輪となって古町花柳界を支えている。

「私たちがいま地方《じかた》でやれるのは、若い柳都さんがいるからです。柳都振興という会社ができてよかったと思います」

たまきさん、美和さんのふたりが口を揃《そろ》えて言った。

心付けがバサバサ落ちた伝説

日本には、〈心付け〉という文化がある。高級な旅館に泊まるとき、仲居さんに〈心付け〉を渡す。一泊五万円程度の旅館であれば三千円、安い宿でも千円を包む。普段はアメリカのようにチップの習慣がない日本で、それは小さな冒険のような緊張を伴う。

私は、新婚旅行で初めて旅館を利用する際、母親から〈心付け〉を渡すよう教えられ、ドキドキしながら差し出した記憶がある。いつどんなタイミングで渡せばいいのか、仲居さんは素直に受け取ってくれるのか、冷や汗をかいた。

部屋に通され、腰を下ろしてポチ袋を差し出すと、仲居さんは恭しく受け取ってくれた。〈大人の世界〉に足を踏み入れたような感慨とともに溜《た》め息が洩《も》れた。

近年は、その習慣を知らない日本人が増えている。旅館の側も、客に気を遣わせないよう、予《あらかじ》めサービス料に含めて「個々への心付けを遠慮する」と明記しているところも多い。だからますます〈心付け〉の習慣は風化している。

花柳界では、いまもその習慣は大切にされている。お座敷でご一緒する顧客から心付けをいただくことは、芸妓にとって励みであり、評価でもあり、大事な副収入である。柳都振興は会社を始めるとき、この心付けは「芸妓それぞれの個人収入にしてよい」と決めた。それが長年の花柳界のしきたりだからだ。

ちなみに、心付けを入れる小さな袋を〈ポチ袋〉と呼ぶ。調べて見ると、ポチとは元々「小さな」つまり「これっぽっち」が語源のようだが、関西の方言で「心付け」「祝儀」の意味がある。しかも「もっぱら舞妓《まいこ》さんに渡していた祝儀袋のこと」だという。

柳都振興がスタートした一九八七（昭和六十二）年は、折しも〈バブル景気〉が始まって間もない時。古町花街も活気に満ちていた。

新人芸妓はまだ経験も浅く、芸も修練半ばだったが仕事は多く、お客様の眼差《まなざ》しも温かかった。懐にも気持ちにも余裕がある時代だったことは大きな幸運であり追い風だった。

「バブルの時代はお客様の羽振りがよかったから、〈心付け〉もいまとは比べものになりませんでした。いえ本当は、千円くらいで十分なのですよ」

中野進さん（柳都振興初代社長）が笑いながら教えてくれた。通常は古町花柳界では心付けも現金で受け渡しはしない。〝札〟と呼ばれる券で計算する。だが、バブルのころ、芸妓さんが三業会館に戻って着物を脱ぐと、バサバサッと札束が落ちたという。それをありがたく拾い集めて数えるのが、柳都さん（若い芸妓）たちの励みだった……。

花街の拠点だった三業会館との別れ

二〇一八年五月十六日、新潟市中央区西堀前通九番町の三業会館で「三業会館お別れの会」と「新妓おひろ芽の会」が開かれた。

毎年この時期、柳都振興に入社した新人芸妓のお披露目が行われる。この日も、新たに加わった四人が初めて白塗り日本髪姿で登場し、市山七十郎《なそろう》宗家から指導を受けている踊りを先輩芸妓とともに披露した。

四人同時入社は柳都振興創設の年以降では最多。初々しい四人の姿が、会場を埋めた出席者の微笑《ほほえ》みを引き出していた。

一方、この日は三業会館で開かれる最後の公式行事だった。五十年以上も新潟花街の拠点だった三業会館が老朽化のため取り壊される。当時としては洒落《しゃれ》た外観、粋で華やかな花柳界の気概をこめた建物であったに違いない。

お別れの会には、いまも柳都振興後援会の中心メンバーで、祖父、曽祖父の代から古町花柳界を支援している跡継ぎたちも顔を揃《そろ》えていた。そのひとり和田商会の和田晋弥社長が話してくれた。

「この建物も、私のじいさんが新潟商工会議所の会頭の時に建てたものです。あの時代はおおらかで、じいさんは何人もの芸妓さんを支援していました」

じいさんとは、昭和の新潟財界の中心人物のひとり、古町花街の大旦那と語り継

三業会館での公式行事はこれで最後。新人も一緒に古町芸妓が華やかに舞った＝2018年5月16日、新潟市中央区

がれる和田閑吉さん。石油関係の事業を起こし、新潟商工会議所の会頭も務め、多くの企業の設立に関わったほか、新潟青年会議所の設立など新潟の経済界発展に尽力された。同時に万代太鼓の普及を支援するなど文化芸能の発展にも理解が深かった。

和田閑吉さんの存在なしに、昭和の古町花柳界の活気は語れない。当時の旦那衆が、お座敷でどんな豪快伝説を刻んできたのか、〈でっかい男〉になりたかった私としては、いまさら遅いが関心の深いところだ。和田晋弥さんに近々そんな逸話を聞かせてもらう約束をした。

数日後、電話で晋弥さんからこんな話が伝えられた。

「私はまだ子どもでしたから、料亭の女将《おかみ》さんやお姐さんたちに、『小林さんにじいさんのことを話したいから、なんか思い出したら教えて』と頼んだのです。そしたら……」。

誰に聞いても答えは一緒だったという。誰もが愉快に笑いながら、

「そんげんこと、言われるわけねえろう。古町花柳界は、口が固いので有名らっけ」

それを聞いて、こちらも笑うしかなかった。これが噂《うわさ》に聞いていた〈古町〉のわきまえ。古町花街の魂に触れる思いがした。

新妓、初めてのお座敷に同行

三業会館で「おひろ芽の会」が開かれた二〇一八年五月十六日夜、四人の新人芸妓は先輩たちと鍋茶屋で初めてのお座敷を務めた。総勢十四人になった古町芸妓の留袖さん、振袖さん全員が一緒に呼ばれる機会はそれほど多くない。新潟市中央区に本社のある久住電気株式会社の創立百周年の祝宴。総勢百十八人が集まる席に芸妓さんが姿を現すと、鍋茶屋三階の大広間は一気に華やいだ。

私は、四十歳の若さで代表取締役社長を担う久住健さんの了解を得て、写真家の大杉隼平《しゅんぺい》さんとともに、お座敷で活躍する芸妓さんの姿を撮影させていただいた。大勢の仲居さんがお料理と飲物を運ぶ。その列に加わって、十四人の芸妓さんもお酒を運ぶ。廊下の往復だけで二十メートルは優にある。お盆にお銚子《ちょうし》や水割りを載せ、芸妓さんが行ったり来たり、健気《けなげ》に奉仕する。

後日、驚いた、感動した、と私が話すと、古町芸妓の伝統継承を長年支援している早福岩男さんが教えてくれた。

「それは本来、芸妓さんの仕事じゃねえんだれ。仲居さんが忙しいのを見て、率先して手伝う。そういう気配り、気遣いが古町の芸妓さんにはあるってことら」

なるほど……。それをまた、芸妓さんに尋ねると、芸妓さんたちは口を揃《そろ》えて言った。

久住電気の久住健社長（手前右）、鈴木コーヒーの佐藤健之会長（同左）をもてなす古町芸妓＝2018年5月16日（撮影・大杉隼平）

「え？　あれは私たちの大事な仕事ですよ」

もうそれが当たり前の務めだと、〈柳都〉の芸妓さんは理解しているのだ。

さんざん廊下を往復し、三十分くらいが過ぎたころ、「舞台だよ」と声がかかった。十四人はお盆を置き、舞台裏でそれぞれ素早く準備を済ますと、緞帳《どんちょう》の下りている舞台へと急いだ。

幕が開く。地方さんの三味線と唄に合わせて、踊りが始まった。私は舞台裏にいて踊る姿を見ることはできなかった。新潟甚句、相川音頭など三曲を踊ったと聞いた。襖《ふすま》越しだが、百人を超える客たちが芸妓の踊りに見入っている雰囲気は、その静けさで察せられた。

踊りこそが古町芸妓の真骨頂。さて三十分くらいは……と思っていたら、ものの十分で十四人は舞台を降りてきた。そして、休む間もなく、笑顔でお座敷に戻った。それからは、すっかり活気づいたお座敷で、お客様にお酌《しゃく》をし、勧められたら盃《さかずき》を受け、和やかなおもてなしの時間となった。

日々芸を磨きながら、宴席によっては十分しか踊りを披露する間がない。あとはほとんど、お運びをし、ご接待をし、それが〈柳都さん〉の日常と知って、頭が下がった。

《美や古》から始まる新しい活況

三業会館(新潟市中央区)に別れを告げた柳都振興株式会社は、二〇一八年五月、古町通九番町の《美《み》や古《こ》》を新たな本拠とした。

美や古はしばらく前に営業を終えたが、その伝統的な木造建築の家屋は、持ち主の思いがあって大切に管理・修繕されていた。三階建ての和風建築。華美な飾り立てはないが、華やかだった古町花街を偲《しの》ばせる風情がある。

門を入ってすぐのところに枝ぶりのよい松の木があり、木の塀の上から外に枝を伸ばしている。

すぐ隣には、やはり二年前に閉店した老舗割烹《かっぽう》《有明》の建物がある。日本舞踊市山流宗家の稽古場もあるその一隅は花街の雰囲気を醸す、いかにも柳都振興の本拠に相応《ふさわ》しい街並みだ。

「古町に芸妓さんがいることは知っていても、日常的に芸妓さんの姿に触れる機会が最近は少なくなっていました。《美や古》に本拠を移すことで、市民のみなさんが普段から芸妓さんを見かけ、身近に感じてもらえるようになるでしょう。鍋茶屋さんにも歩いて行けますから、この界隈《かいわい》に来れば、芸妓さんの姿を見る機会が増えると思いますし、踊りや三味線の稽古をする音がどこからともなく聞こえてくる、そんな街になるといいですね」

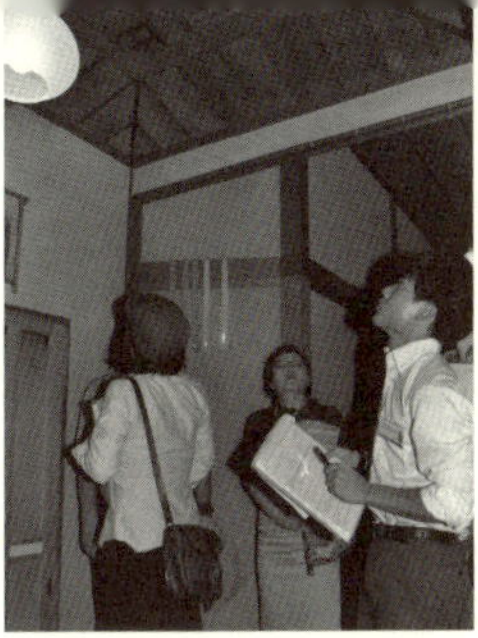

休業中の「美や古」で、凝った造りの天井を見学する人たち＝２０１５年９月

柳都振興の二代目社長を受け継いだ今井幹文さんが熱く語る。

「芸妓さんのお座敷は『敷居が高い』と思っている方もいるでしょうから、まずは芸妓さんを身近に感じ、芸妓さんの芸を見ていただく機会を作りたい。それで、六月から美や古で《柳都カフェ》を始めることにしました」

今井社長は古町芸妓そして古町花柳界の伝統を守るだけでなくいっそう活気づけ、さらなる発展を遂げて地域に貢献する情熱を抱いている。

「柳都カフェでは、芸妓さんが順番にお茶をお運びする。週末には、一曲か二曲でも踊りを観《み》ていただく機会も作りたいと思っています。まずは芸妓さんと出会える場所を作る。近くに観光バスが着く、古町芸妓を目当てに、日本中、世界中からお客様が来てくださるようにしたいですね」

そう語る今井社長の目がキラキラと輝く。

新たな拠点となった美や古に伺った。昭和の初めに造られた建物の廊下、窓、欄間、襖《ふすま》、壁などひとつひとつが、自分が育ったころの懐かしい記憶を呼び覚ます。今後は日々ここで芸妓さんたちが支度をし、稽古に励み、互いに励まし合いながらお座敷に出かけていく。

新たな未来への胎動を感じた。

第三章

花街の中核を担う

市山流

祇園甲部の正式流派が「京舞井上流」であるように、新潟には市山流がある。いま古町芸妓は、七代目市山七十郎師匠の指導で稽古を重ねている。日本舞踊の宗家が江戸の時代から地方の一都市にあり、二百年もの繁栄し続けている例は新潟の市山流のほかにはない。

ここには《市山流の踊り》がある

柳都振興株式会社（新潟市中央区）の新たな拠点となった《美《み》や古《こ》》を訪ねると、支配人の棚橋幸さんをはじめ、芸妓《げいぎ》さん、支度を手伝う女性たちが午前中から現れ、それぞれ十分な時間をかけて白塗りのお化粧、着付け、三味線のお稽古など、お座敷の準備に余念がない。

最近は、昼のお座敷が増えているという。その日も、正午から行形亭《いきなりや》の予約が入っている。小夏さんが、新妓のふみ嘉さん、那緒さんを伴って先に出かけた。ふみ嘉さんは新潟市内の出身。那緒さんは沖縄本島の出身だ。

「準備で新潟に来たとき、雪がたくさん積もっていたのでビックリしました。そしたら、『こんなの少ない方だよ、ずいぶん消えたから』と言われてますます驚きました」

初々しい白塗り姿で、那緒さんが話してくれた。お化粧は、鏡の前に座って自分でする。化粧筆を扱う手つきがまだたどたどしい。目張りの入れ方で、表情はやわらかくもなり、凜々《りり》しくもなる。どちらが自分に合うのか、手探りが続く。

白塗りで最初は肌が化粧負けする女性もいるそうだ。赤く、少し腫れたようになっている新妓もたしかにいた。一度、白塗りに肌が慣れ、耐性ができるともう大丈夫だと先輩たちが教えてくれたが、その間はさぞ不安で悩みもするだろう。

芸妓さんたちに踊りを指導する市山七十郎宗家（撮影・大杉隼平）

やはり、芸妓さんになってみなければわからない、人知れぬ悩みがいろいろとあるのだ。

昼のお座敷に出たあと、夜に向けて姿を現した千秋さんと、事務所のスペースで会話をする機会に恵まれた。千秋さんは、二〇一四年春、鹿児島県の種子島から志願して柳都振興に来た五年目の芸妓さんだ。

「小さい頃から踊りをやっていたので、踊りでできる仕事をやりたくて。ネットで探して、柳都のことを見つけました」

芸妓さんの仕事を詳しく知っていたわけではない。すべては入社し、お座敷に出るようになってから覚えたことばかりだ。

「いろいろ悩んだこともちろんありましたけど」

笑いながら、そして少し神妙な表情で遠くを見つめながら、種子島から来た千秋さんは続けた。

「ここには《市山流の踊り》があります。それが、私が柳都にいる一番の理由です。市山流の踊りが私の支えです」

同じ言葉は先輩の芸妓さんからも聞いた。古町芸妓の心の支柱となっている市山流の踊りには一体、どんな魅力があるのだろう。

新潟に〈宗家〉を持つ誇り

日本舞踊・市山流の宗家が新潟にある。

長い伝統を誇る〈日本舞踊の家元〉を持っている地方都市は、ほかには稀《まれ》だ。藤間流、花柳流、板東流の宗家は東京、若柳流は京都、西川流の総本部は名古屋にある。そして、江戸時代の後期、大阪から江戸を経由して新潟に移って以来、脈々と伝統を受け継いでいるのが市山流だ。

歴史をひもとくと、最も古いとされる西川流が生まれたのは一七〇〇年ころ。藤間流は一七〇四年、板東流の創設は一八〇〇年ころ、花柳流は一八四九年、若柳流は一八九三年といわれる。

市山流は江戸時代の中頃、大阪の歌舞伎俳優だった市山助五郎の門下・市山七十郎《なそろう》が大阪で創始したと伝えられている。一八五三年ころより前というから、花柳流とほぼ同時代に生まれている。

そのころ、大阪の歌舞伎俳優はみなほとんどが市山流を学んでいたという伝説がある。

七十郎のふたりの子どものうち長男・瀬川如皐《じょこう》は歌舞伎俳優から狂言作者になった。二男の瀬川菊之丞《きくのじょう》は女形として一世を風靡《ふうび》した。ふたりは江戸に移り、さらに名声を上げげた。

市山流家元の稽古場兼住宅（左）。料亭や茶屋が並ぶ通りから花街の風情が漂う＝２０１０年

新潟に本拠を移したのは三世（三代目）市山七十郎《なそろう》。三世は本名・岩井仲助《なかすけ》という、舞踊に定評のあった歌舞伎俳優。全国を旅する中で古町花柳界の隆盛を聞き及び、晩年訪れた新潟と縁が深まり、本拠を移した。市山流はもう約二百年も新潟とともにある。

日本舞踊の宗家を〈新潟〉が持っている。これがどれだけ誇らしく、有形無形の恩恵を新潟の街や人々に注いでいるか、最近では忘れられがちかもしれない。伝統文化に改めて光が当てられる時代に入り、市山流は新潟にとって大きな財産であり続けるだろう。

いまも市山流の稽古場は古町通九番町にある。築百五十年の木造建築は、周囲の街並みとともに新潟花柳界の伝統を無言で語りかけてくる。

この建物は、宗家とお弟子さんたちが踊りの稽古に打ち込めるよう、そして市山流がずっと新潟に本拠を置いて他に移らないよう、市山流に惚《ほ》れ込んだ新潟の支援者たちが建てたものだという。

四代目以降が、新潟を離れる選択をしても不思議ではなかった。明治新政府が誕生し、国際化の波が押し寄せ、世相が大きくうねる中、市山流を受け継いだ四代目も五代目も、新潟に根をおろし研鑽《けんさん》を重ねてきた。

同時に二人が稽古をつけた

いま古町花柳界の「地方《じかた》さん」として活躍するベテラン芸妓が十代、二十代のころ、日本舞踊・市山流のお稽古場には優に百人を越すお弟子さんたちが通っていた。

「お稽古場の舞台を半分に区切って、右でいまのお師匠さんのお母さん（六世市山七十郎《なそろう》さん）、左でそのお母さん（五世市山七十郎さん）が同時に稽古をつけていました」

教えてくれたのは、この春から新潟芸妓置屋組合長になった美和姐さんと、前組合長のたまき姐さんだ。

「当時はカセットテープがありませんから、三味線を弾きながら稽古をしてくださいます。右と左で違う曲を踊りますから、音が混じるはずですよね。ところが、集中しているのでしょう。自分が稽古しているとき、隣の音はまったく耳に入りませんでした」

美和さんとたまきさんが口をそろえる。

稽古場はもちろん緊張感に包まれ、指導は厳しかった。

「あの頃は、お客様も違いました。最近は、踊りや長唄にお座敷で初めて接する方が多くなりましたが、当時は長く嗜《たしな》んでおられるお客様がたくさんおられました。お客様ご自身が唄《うた》われることもありました」

六世の市山七十郎さん（中央）を囲んだ稽古＝1982年

それだけに、芸妓は気を抜けなかった。ごまかしがきかない。芸の質の高さが自《おの》ずと求められた。

福豆世姐《ふくとよ》さんは、こう振り返ってくれた。

「私は小学校の六年から踊りを始めました。お弟子さんがたくさんいたので、毎朝六時に起きて、稽古場に〈札上げ〉に行きました。小さな木札があって、朝来た順番に順序より札を入れておくのです」

「五代目のお師匠さんは、三味線も唄もすごくお上手でした。曲も唄も全部暗記なさっていた。そんな方は他に見たことがありません。長唄、義太夫《ぎだゆう》、常磐津《ときわず》、全部です」

福豆世さんが少女だった一九五〇（昭和二十五）年前後、古町ではこんな青春が展開されていた。

「いまのお師匠さんのお母様（六世七十郎）は、足さばきが本当に綺麗《きれい》でした。私はそれに憧れて、稽古場ではずっと足の使い方ばかり見ていました。鏡を見て何度も練習したけれど、お師匠さんと全然違う。綺麗な足さばきができなくて悩みました。そのうちに、足の形が違うのだと気づきました。私は甲が高い。お師匠さんは甲が低くて、形が綺麗なのです」

市山流から生まれた映画女優

日本で最初に「映画スター」と呼ばれた女優が「新潟市出身」という史実をご存知だろうか。

一九二〇（大正九）年、松竹蒲田撮影所に迎えられ、映画『島の女』に主演して一躍スターとなった川田芳子さん。人気俳優だった諸口十九《つづや》とのコンビは映画ファンの胸を熱くし、次々に話題作のヒロインを演じてその地位を確立した。

翌年には『断崖』『生さぬ仲』、二二年には『金色夜叉』『海の極みまで』『白鳥の死』など、同じく同時代の人気コンビ、栗島すみ子・岩田祐吉コンビと並び称される映画草創期の花形だった。

活動的で華やかなイメージの栗島すみ子と対照的に、川田芳子さんは「純日本的、しとやかな魅力」が売り物だった。それもそのはず、川田芳子は五世市山七十郎《なそろう》こと川田亀さんの妹だった。四世市山七十世宗家の孫のひとり。すなわち日本で最初の映画女優・川田芳子さんは、新潟に本拠を置く市山流宗家に生まれた舞踊家でもあった。

十一歳のとき上京した川田芳子さんは、新橋で芸者を務めた後、俳優・川上音二郎の妻で舞台女優だった川上貞奴《さだやっこ》に預けられ、新派の舞台に上がるようになった。デビュー作『島の女』の監督はヘンリー・小谷。調べて見ると、ヘンリー・小谷

日本で最初の映画女優、川田芳子さん（1895—1970）

さんは広島県出身。幼い頃に両親とハワイへ移住、さらにサンフランシスコへと移住した。ハイスクール時代から劇場で働き、やがて映画や舞台に出演する俳優になる。その後、カメラマンとなり、有名監督の撮影助手を務めるなどして、経験を重ねた。

生まれた国・日本に戻ったのは二〇年、松竹が映画事業に参入し、松竹キネマが創立された年だ。

映画を作ろうと決めたはいいが、本格的な映画の作り方を当時日本では誰も知らなかった。

そこで松竹が白刃の矢を立てたのがヘンリー・小谷さん。アメリカ仕込みの撮影技術を駆使して、日本に新たな映画作りの歴史を拓《ひら》いた。レフ板を使って光を調整する、映画的な化粧を施す、機械を使った編集など、それまでの日本映画界にはなかったハリウッド流の手法を持ち込んだ。

そのヘンリー・小谷に見い出され、無声映画のヒロインになったのが川田芳子だった。

先進的なアメリカの映画文化と伝統的な日本文化の融合。ほぼ百年も前、日本に新しい息吹をもたらした中心にも、市山流があった。

川田芳子のポケットの中に

日本で最初の映画女優と呼ばれた川田芳子さんの存在は、市山流に関心を抱いてすぐ知らされた。古町花柳界に親しみのある人なら誰もが知る存在。だが、長岡で生まれ育った私には初めて出会う名前だった。百本以上もの映画に出演した後、一九三五（昭和十）年、ちょうど四十歳を迎えたころ、『母の愛』を最後に引退し、表舞台から姿を消した。

私が生まれた五六（昭和三十一）年には、スクリーンを離れて二十年以上が経《た》っていた。その間に戦争をはさみ、時代は激変、アメリカ文化が流入し、映画をはじめ大衆文化も大きく様変わりした。

大正から昭和初期にかけて輝いた純日本的な星・川田芳子さんは、いまも我々の愛してやまない映画を日本人に教えてくれた先達だ。

その時代、スポーツでいえば三四（昭和九）年にプロ野球が誕生している。ベーブ・ルース率いる全米オールスター軍を相手に、十七歳の沢村栄治が静岡・草薙球場で快投を演じたのもこの年。その翌年、川田さんは一線を退いた。

まだテレビどころかラジオ放送も開始されたばかり。川田さんがデビューした二〇（大正九）年にはラジオ放送もなかった。その時代に、新潟から上京してスターの座につき、華やかな脚光を浴びる立場になった女性の胸中がどんなものだったか、

映画スクリーン上の女優、川田芳子さん。左下は活動弁士

私には想像さえ難しい。

喜びもあり、戸惑いもあり、そして孤独もあっただろう。

引退後、川田芳子さんは日本舞踊の世界に戻り、市山流の名取として活躍した。華やかだが旬の短い映画女優。カメラの前を離れた後、〈市山流を持っていること〉は、川田さんの日常を支えたに違いない。

調べてみると、彼女の人生を追った本があった。文芸春秋刊『かりそめの恋にさえ　女優・川田芳子の生涯』（升本喜年著）。川田さんにとって栗島すみ子は最大のライバルだった。活発でモダンな栗島の人気がやや勝り、人気投票でいつも栗島に一位を奪われた。

川田さんが一位を獲得したのは、栗島すみ子が有名監督と結婚し出産のため映画に出なかった二四（大正十三）年だけだった。常に受け身の生き方だった川田さんは、共演者の諸口十九《つづや》に求められ交際もしたが、後に諸口は若い女優の許《もと》へと離れていった。

晩年は埼玉のアパートで一人暮らしした川田さんは、七〇（昭和四十五）年、ひっそりと生涯を閉じた。亡くなったとき、洋服のポケットに、人気投票一位を報じる四十六年前の記事の切り抜きが入っていたと、その本は伝えている。

市山流の踊りは〈短い演劇〉

川田芳子さんが「日本で最初の映画女優」「日本一の人気女優」になったのと、彼女が市山流宗家に生まれ育ったことは無関係ではない。市山流の踊りは、元来は大阪の歌舞伎から生まれたもので、

「役になりきる、役を演じきるのが市山流の踊りです」。

そう教えてくれたのは、いま市山流の宗家として自らも舞台に上がり、お弟子さんたちの指導にあたる七代目市山七十郎《なそろう》（川田純子）さんだ。映画女優・川田芳子さんは祖母の妹にあたる。

「うまく踊れるか演じきれるかは、舞台に上がる前に決まっています。その演目の役柄の気持ちになりきっているか。それができていない人は、稽古場でも舞台には上げません」

市山流の踊りの特長は、演目ひとつひとつが歌舞伎の舞台の一場面、演目を凝縮した〈短い演劇〉というところだ。振り付けがあり、曲に合わせて上手に踊るのが日本舞踊と思い込んでいた私の先入観は打ち崩された。もっと激しい、もっと切なく哀《かな》しい、一方で踊りのイメージを遥《はる》かに上回る愉快な演目もあり、大勢で踊る楽しさもあり、奥が深い。

基本は地方《じかた》さんの唄や三味線、鼓などに合わせた〈無言の一人芝居〉。それはま

芸妓に稽古をつける市山七十郎さん（左）。襲名前のこのころは「七十世」だった＝2012年

さに〈無声映画〉の時代、映画が〈活動写真〉と呼ばれていたころ、科白《せりふ》を語らず人々の胸を焦がし、一世を風靡《ふうび》した川田芳子さんの姿に通じる。

喜怒哀楽をとことん追求し、〈振り付け〉などという形式的な約束事には縛られない、自由で際限のない感情表現こそが市山流の求める境地だ。それを知って、日本舞踊がグッと身近で魅力的なアートに感じられた。

二〇一七年の新年が明け、宗家の名跡・七十郎襲名を表明したころ、七十世《なそよ》さん（当時）はひとつの大舞台を前にしていた。

国立劇場開場五十周年を記念して開かれる〈舞踊名作鑑賞会〉を飾るひとりに選ばれたのだ。

舞踊家なら誰もが憧れる東京・国立劇場の記念事業を彩る。西川、藤間、花柳、若柳らの錚々《そうそう》たる舞踊家とともにその公演を担うのは、襲名前の「市山七十世」が当代一の舞踊家と認められ、広く尊敬を集めている証《あかし》だ。

演目は、市山流が持つ大切な演目のひとつ《うしろ面》。人間になりたくてなれない狐《きつね》が、女性に化けて人間界に出て来るが、本当の女性になれない悲しみを切々と踊りで語る。正面は女性。後ろに狐の面をつけ、身体の前後で女性と狐を演じ分ける、言うまでもなく難しい演目だ。

新潟で暮らす《日本の宝》

国立劇場開場五十周年記念〈舞踊名作鑑賞会〉を翌日に控えた夕刻、市山七十世《なそよ》（現七十郎《なそろう》）さんは新潟での催しを終えてすぐ上京し、東京・半蔵門の国立劇場に入った。二〇一七（平成二九）年三月のことだ。

桜の季節を目前にし、春の陽気が眩《まぶ》しい。

皇居のお堀端に建ち、正面に皇居を拝観する国立劇場の立地は、まさに日本の芸能文化の中心地にふさわしい。それは言うまでもなく、東京のど真ん中に位置する舞踏家憧れの舞台だ。

公演前の舞台稽古がこの日行われると聞いて取材に訪ねると、七十世師匠はすでに楽屋で準備を始めていた。

東京に住むお弟子さんのひとり市山七百蔵《なおぞう》さんが、細やかな心遣いで師匠の身の回りをお世話する。本来は〈後見さん〉と呼ばれる専門職だが、七十世師匠は踊りの振り付けも全部理解しているお弟子さんにその役を頼むという。

〈後見さん〉は、舞台では黒衣姿で必要な小道具を渡したり預かったり、衣装の早変わりを手伝ったりする裏方さん。舞台の前後も、舞踊家を支える役を担っている。黒子が踊り手の構想をしっかり理解し、呼吸が合っていなければ、舞台で〈踊り〉が〈振り付け〉を超越し、見る者を圧倒する芸術に昇華することはない……。舞台裏に、伝統を支える貴重な裏方が存在し、淡々と役目を果たす姿に静かな感動を覚えた。

やがて、七十世師匠が鏡の前に座り、自らの手で白塗りのお化粧を始める。その間も、他の演者たちが楽屋を訪れ、七十世師匠に恭しく挨拶《あいさつ》をしていく。

「お師匠さんは、いまこうして一緒に食事をしているけど、本当は近づくことも容易じゃない、すごい人なんだれ。東京の有名な歌舞伎役者に踊りを教えている。大変な人らっけんな。それを忘れちゃ失礼になるろ」

最初に紹介してくださった早福岩男（早福酒食品店会長）さんの言葉を思い出す。幸運にも私は親しく言葉を交わす機会に恵まれているが、「本来はお話しするのも憚《はばか》られる方」という現実を改めて実感した。

新潟に暮らし、新潟を本拠に、日本舞踊の経験がない大学生や専門学校生にも気安く踊りの手ほどきをするなど、草の根の活動にも熱心に時間を費やされる新潟での姿を見ていると、《日本を代表する舞踊家》という本来の実像がつい水面下に隠れてしまいそうだが、その市山七十世（現七十郎）が新潟・古町に本拠を置く有り難さ、誇らしさを私たち新潟人は忘れてはいけない、国立劇場の舞台裏で強くそれを感じた。

《狐の気持ち》になりきれるか

国立劇場の楽屋で《うしろ面》前日リハーサルの準備が進む。

白塗りの化粧が整い、尼姿の衣装をつけた後、いよいよ狐《きつね》のお面をつける。生成り色の頭巾に囲われた、やはり生成り色のお面は、両手の平を合わせたくらいの大きさ。その表情は、穏やかに笑っているように見える。その微笑《ほほえ》みの向こうに、どんな哀《かな》しみ、どんな不条理を漂わせることができるか、そこに踊り手の気迫が問われる。

正面で踊る時には、尼の姿。狐の面は頭巾に隠れて見えない。後ろを向いて狐に戻るとき、お辞儀する格好で後ろに垂れた頭巾を前に垂らすと、狐の面が現れる仕掛けだ。

本当は背中側になる狐の姿で踊るときは、狐が正面だ。客席からは踊り手の背面が正面に見えている。いや、そう見えていなければならない。

違和感なく、まるで正面で踊っているかのように手足の所作が自然に演じられる必要がある。

（肩甲骨の可動域の大きさ、動きのやわらかさが相当に大切だろう）

（背骨、骨盤は前後で構造が正反対のはずだが、前後を悟られないよう、細心の注意と集中が必要だろう）

長唄「うしろ面」を演じる市山七十世（現七十郎）さん＝2007年、新潟市民芸術文化会館

どうしても、外見的な動きに意識を奪われ、そのことを尋ねると市山七十世《なそよ》（現七十郎《なそろう》）師匠からまったく違う答えが返ってきた。

「肩のやわらかさはもちろん大切ですが、それ以上にやはり気持ちが大事です」

動きは、できて当然。

「正面は尼僧の姿ですが、実際は狐です。狐が尼に化けているのですから、尼に化けた狐です。たとえ尼の姿でも、どこかに狐を感じさせなければ本来の踊りになりません」

背面で正面を踊る。そのことに気が取られると、背中で踊る難しさにばかり意識が向かうが、もっと難しいのはその「逆」だ。

〈正面〉だからそれほど難しくないと思われがちな〈尼〉を演じる方が遥《はる》かに難しい……。ただの尼でなく、狐が化けた尼を踊る奥深さ。そしてもちろん、狐を踊るときにも、尼に化けてでも人間になりたい狐の切々とした思いが滲《にじ》み出なければ、《うしろ面》に込められた狐の哀感は見る者に伝わらない。

舞台に上がる準備がほぼ出来上がったころ、私は楽屋を先に失礼して客席に回った。ステージでは舞台監督の指示に従って、三十人を超える大道具さんたちが《うしろ面》の舞台設営に余念がなかった。

この世のものと思えない化身

国立劇場の広い舞台が、狐《きつね》が尼になって踊る月夜の晩の風景に変わっていく。すすきが生い茂り、三日月が映写され、微《かす》かに華やかでもあり、またどこか物悲しい風景が舞台に創出される。大がかりな舞台美術、ひとりの踊り手のために大勢の職人さんたちが働く。

両袖に地方《じかた》さんが座り、準備が整った。

果たして、狐をどのように演じるのか？　興味津々の思いで客席に座り、舞台に登場する〈舞踊家・市山七十世〉を待った。やがて、セリから上がってきたとき、私の想像を遥かに超える世界がそこで展開された。

お囃子《はやし》が始まる。固唾《かたず》をのんで見守る中、舞台中央の奈落の底から、市山七十世《なそよ》（現七十郎《なそろう》）さんがせり上がってきた。その時私は想像を遥《はる》かに超える、この世のものと思えない現実を見た。

ついさっき、楽屋で見ていた衣装と化粧そのままに登場した。しかし、遠く見つめる舞台中央に現れたその人は、およそこの世の生き物とは思えない、不思議な化身のおどろおどろしさを纏《まと》っていた。お囃子に合わせて動き始めたその物体は、もはや人でもなく舞踊家でもなかった。

それは、尼に化けた狐そのものだった。そして、尼のように見える女性は、間違

国立劇場での公演前、新潟市の稽古場兼自宅で取材に応じる市山七十世（現七十郎）さん＝２０１７年

いなく〈狐の化身〉だった。

衝撃に包まれてしまったら、あとはもう、狐の哀《かな》しみ、狐の不条理を切々と訴える狐の心情をただ受け入れるばかりだった。

（これは自分が考えていた日本舞踊の範疇《はんちゅう》を遥かに超えている）

（一人芝居でさえない。そんな甘い表現は遥かに超越している）

見終わって、普段の七十世師匠の笑顔が頭に浮かんだ。つい、いましがた見た《うしろ面》と、屈託なく笑う市山七十世師匠いや川田純子さん、ふたつの姿が重ならず困惑した。

再び楽屋を訪ねると、〈狐の化身〉はすでに着替えを済ませ、頭巾も外し、白塗りを落としているところだった。

「どうでしたか」

普段どおり笑いながら、まるで子どもの学芸会の感想を聞くくらいの気安さで聞いてくる七十世師匠にまた溜《た》め息が出た。こんなとんでもないことを市山七十世さんはごく当たり前にやってのける。身体に染み込んだ舞踊家の魂。私は、それまでの取材経験で比較できる対象を思い出せないくらい驚嘆し、衝撃を受けた。この人こそが、《表現者だ》と、感服するばかりだった。

《七十郎襲名》へのためらい

二〇一七年、東京・国立劇場の大舞台で《うしろ面》を演じ、いっそう評価を高めた市山七十世《なそよ》(現七十郎《なそろう》)師匠は、新潟に戻ってまた次の舞台に向けた忙しい日々を重ねた。

二〇一八年四月には〈アートミックスジャパン〉、九月には〈ふるまち新潟をどり〉、そしてほぼ一年後の二〇一八年二月には自らの〈七十郎襲名披露〉を兼ねた先代の〈十三回忌追善公演〉が待っていた。

母親でもある先代七十郎が旅立ち、七十世さんが宗家を継いだ。しかし、宗家の名跡である〈七十郎襲名〉はずっと先延ばしにされていた。

周囲はいつ七十世さんが七代目七十郎を襲名するのか、その日を心待ちにしていた。七十世さんも、周りの期待を痛いほど感じていたが、急ぐ気持ちにはなれなかった。

「私は、七十世の名前にすごく愛着を感じていました。できればずっと七十世のままでいきたかった。七十郎は母の名前、私にとっては母そのものです。もし私がすぐ七十郎を襲名すれば、母の居場所がなくなるというか、母がいなくなってしまうような感覚もあったのです」

母が七十郎、自分は七十世。

師匠であり、母でもある先代の七十郎さん（右）と七十世さん（左）＝1982年、上越線車内

立ち役（男役）が得意だった母・七十郎の相手役として、七十世（当時）が女役を演じ、ふたりで舞台に立つ機会も多かった。自分は、立ち役より女踊りが得意だ、という自負も強かった。

「男役がしっかりできるまでは、七十郎は襲名できないという思いもありました」

気がつくと、母親と別れて十年以上の月日が流れていた。

「七十世は自分が育てて来た愛着のある名前。七十郎にはなりたくない……、それが正直な気持ちでした。だけど、宗家には流派としての責任があります」

十三回忌を一年後に控えて、七十世さんは、もうこれ以上先延ばしにはできないと感じ始めていた。

宗家ゆえに、誰にも相談できない。自分ひとりで決断するしかない。人知れぬ、〈宗家の孤独〉もそこにはあった。

イベントで足を運んだおり、りゅーとぴあ（新潟市民芸術文化会館）で劇場の空き状況を確認した。すると、「二月十七日が空《あ》いています」と、思いがけない答えが返ってきた。その日は……、

「母の祥月命日です。その日にやれと言われているのだと感じました。やるしかない、すぐその場で予約を入れました」

母はいまもずっと近くにいる

「母が亡くなった後も、不思議なくらい寂しくない、いなくなった気がしないのです。なぜなら、お弟子さんの稽古をしているときも、母は常にこの辺にいます」

七十世（現七十郎）さんは、軽く握った手の平を頭のすぐ斜め後ろあたりにかざした。かつて〈一卵性親子〉と形容されたほど、いつも行動を共にしていた先代と七代目。その濃密さゆえに、

「いまも自分の中に生き続けている」

それほどの深さで、娘は母と共に生き、市山流を受け継いできた。

稽古を指導するのは、自分であって自分だけではない。いつも母・七十郎の存在が七十世さんの近くにある。それだけに七十郎を襲名し、母の存在を消してしまうような決断を受け入れがたい気持ちがあった。

母であり師である、先代市山七十郎は七代目七十郎さんにとって、どのような存在だったのだろう。それは、どんな師弟関係だったのか？　と言い換えることもできる。

「普段は、踊りを手取り足取り教えてもらうことはありません。私は、祖母の代には師匠の孫、母が継いでからは師匠の娘ですから、他のお弟子さんのように教えてはもらえません。稽古場で、お弟子さんたちの稽古をずっと後ろで見ていて、見て

先代の6世市山七十郎さん。指導するため、自ら踊り始めると生き生きと輝いた＝1982年

覚える以外に方法はありませんでした」

〈門前の小僧、習わぬ経を読む〉という諺《ことわざ》どおり、〈習わぬ踊り〉を身体の中、心の中で反芻《はんすう》し、反復することで自分のものにしていった。それがいまに生きている。

「お弟子さんが踊っていて、母に怒られる場面が勉強になりました。自分が言われているような気持ちになって、他人事《ひとごと》とは思えません、冷静ではいられませんでした」

市山七十世（現七十郎）さんはいま、師匠である先代をどう感じているのだろう？

「母の存在は絶対に抜けませんね。一生懸命追いかけてはいますが、抜けません。亡くなってなおさら母の背中は遠くなって、抜けないなという思いが大きくなりました」

抜けないという、母の偉大さをどこで感じるのか。その一端が次の言葉に垣間見える。

「踊りは、何もしない〈間〉が大事。ポーズとポーズの間ですね。お弟子さんにも、いつも言います。『次の動きに持っていくまでの〈間〉を大事にしなさい』と」

そして、こうも呟《つぶや》いた。

「日本舞踊は、手足を動かしていなくても、気持ちだけで踊れるのです」

名取の木札を見つけた

市山流の稽古場は、百五十年前から変わらず、新潟市中央区古町通九番町の一角にある。

木造のお屋敷に入り、玄関から木の少しきしむ狭い階段を上がると、不意にパッと視界が開け、稽古場が広がる。

階段を上がった正面にお師匠さん（七代目市山七十郎《なそろう》さん）が座り、舞台で踊るお弟子さんたちに細やかな助言を注いでいる。師匠は一段低い場所にいる。これは全国的にも珍しい設《しつら》えだという。

たいていの稽古場は、師匠と弟子は同じ平面上にいる。ところが、市山流では弟子が一段高い舞台に上がって踊る習わしだ。これは「舞台に上がったらもう戻れない。そこは勝負の場」だという覚悟を弟子に突きつけている、市山流ならではの厳しさの象徴だという。

稽古場に入ってすぐ目に入るのは、舞台を囲む壁の上方に掛けられた木札の数々。そのひとつひとつに、先々代以降の師匠から名取を許された弟子たちの名が記されている。

私は思わず、その木札を目で追い、ひとつの名前を探した。二百を超える木札の中にやがて「市山七十春能《なそはるのう》」の名を見つけたとき、思いがけず身震いがした。

七代目市山七十郎さん（手前）の自宅にある稽古場。明治時代に建てられた＝2010年

それは、亡き母が先代からいただいた名前。私事ながら、母も市山流に師事し、晩年は踊りを生きがいに暮らした。上京して以後すっかり父母を顧みなかった私は、五十の手習いで始めた母の日本舞踊を「下手の横好き」程度に半ば嘲笑していた。けれど、市山流の厳しさを知り、この稽古場の一隅に母の名を見つけたとき、何とも言えない申し訳なさと、一切電話も寄越《よこ》さない長男に呆《あき》れ果て、日本舞踊に生涯の喜びを見出した母の覚悟と哀感を見せられた気がした。

十年ちょっと前、いまでいう〈終活〉だったのだろう、父が古い荷物を次々に整理する傍らで、母親が「私の宝物ですから、これだけはどうか捨てないでください」と、両手で抱きしめるように守ろうとしたもの、それはずっと撮りためた母の〈踊りの舞台〉のビデオテープだった。構わず捨てようとする父に激しく抵抗した母の叫び声が頭の中で響いた。

堅物で、男女の道ならぬ恋など一切許すはずもないと思い込んでいた、私には道徳的な生き方を強い続けた母が、市山流の情念の深さにどう反応し、なぜそこまでのめり込み、打ち込んだのか。母の秘めた心情を垣間見る思いもした。語り合ったこともない、揺れる内面、人知れぬ葛藤をできるなら聞いてみたかったと初めて想《おも》った……。

リヤカーで〈疎開〉させた舞台

稽古場の舞台を見つめ、七代目市山七十郎《なそろう》師匠が教えてくれた。

「この舞台の所作板《しょさいた》は、先々代が命をかけて守ってくれたものです。戦争で避難命令が出たとき、祖母は真っ先に板をはがし、リヤカーに乗せて運んだそうです」

第二次世界大戦終盤、一九四五（昭和二十）年八月。広島、長崎に新型爆弾が投下された後、「次は新潟」の情報が伝えられた。県知事は「徹底的人員疎開」を命じる布告を出した。町内会を通じて十一日に伝えられる予定だったが噂《うわさ》が先に流れ、十日夜には郊外に通じる道が大八車やリヤカーに荷物を積んだ市民であふれたという。

その時、五世市山七十郎は舞台の上に敷く所作板を運んだ。幸い爆弾の投下はなく、稽古場も戦火を免れた。

だが、新潟市内に被害がなかったわけではない。古町の中心に住む人たちは、〈建物疎開〉を命じられ、住み慣れた家を離れ、家を強制的に壊される悲劇を体験している。空襲による火災延焼を防ぐため、予《あらかじ》め建物を壊し、空き地を作る措置だった。

この連載のきっかけを作ってくれた早福岩男さんの妻・澄子さんは、強制疎開で家族の平穏な暮らしを奪われたひとりだ。

「実家は新潟の繁華街・古町七番町、十字路の近くで朝日軒という理髪店をやって

どこへ行くにも一緒、永遠の少年と少女、早福岩男・澄子夫妻＝２０１８年１月、新潟市中央区

いました。内弟子や従業員らも住み込む大家族で、毎日楽しかった。隣接地に軍の通信関係の重要な施設がありました。いまは新潟中郵便局です。疎開先に衣類など運ぶのに母が苦労していました。私は小学校二年か三年。父も弟子連中もみな軍隊に召集されて男手が皆無の状態でした」

澄子さんの述懐を補うように、岩男さんが遠い目をして言った。

「お見合いで澄子に会ってまもなくその話を聞いて、私は澄子が可哀想《かわいそう》でたまりませんでした。何の罪もない家族が、戦争のために家を壊される。きちんと商売してそれなりに裕福だった娘さんが、苦しい生活を受け入れ、耐えていた。暮らしを立てるためにとても苦労したと聞かされて、不憫《ふびん》でなりませんでした」

結婚して六十年の月日が流れたいまも、早福さんは妻・澄子さんへのいたわりを抱き続けている。どこに出かけるのも一緒。古町のお座敷にもふたりで出かける。その姿には、八十歳を超えてなお、互いに心の奥に遠い哀《かな》しみを秘めた少年と少女が励まし合い、手を取り合って希望に進む姿に見えて、いつも心を動かされる。

新潟はそんな歴史も携えている。

心ある者が支え合い、時代の荒波を乗り越えてきた。その彼方《かなた》にいまの新潟がある。古町花柳界もまたその歴史を歩んできた。

第四章

歴代名妓たちの人生

北前船の交易が生み出した新潟湊の活況。そこに花街が繁栄し、最盛期には四百人とも五百人ともいわれる芸妓さんがいたという。京都祇園、北陸金沢、東京新橋と並ぶ格式を認められた新潟古町花柳界は、歴史的人物とも交流を重ねた名妓たちの伝説で彩られている。

十五でお座敷に出た福豆世さん

いま古町花柳界には、柳都振興株式会社が育てた芸妓《げいぎ》さんと、昔ながらの仕組みの中から育ったベテラン芸妓さんが共存している。お姐《ねえ》さんと呼ばれるベテラン芸妓さんは主に三味線、唄、鳴物など、地方《じかた》と呼ばれる役割で若い芸妓さんを支えている。もちろん、自ら踊りも披露する。

その中のひとり、福豆世《ふくとよ》さんがお座敷に出たのは十五歳のとき。終戦から十年以上が経《た》ち、日本が新たな活気を取り戻したころ。車社会、華やかな欧米文化、西洋の食生活の流入など、何もかもが黎明《れいめい》の時期にあった。

福豆世さんが、花柳界に入ったいきさつなどを語ってくれた。

「小学校六年のときから踊りの稽古に通っていました。自宅の隣は小唄の師匠のお宅でしたから、戸を開ければいつも唄が聞こえます。私は知らないうちに耳から覚えていました。三味線は家にありましたから、私は幼いころから三味線をいじって育ちました」

お母さんもおばあちゃんも芸妓さん。粋で優雅な音や風景が、少女のすぐ身の回りにあった。

朝六時に起きて踊りの稽古場に順番を取るため〈札上げ〉に行く、という話はすでに書いたとおりだ。

七夕飾りで彩られた古町通りを歩く福豆世さん（右）と若春さん＝1950年代後半（福豆世さん提供）

「芸妓になろうと決めたのは、中学三年のときです。先に芸妓になっていた先輩から『あなたもやらない？』と言われて、迷いもなく決めました」

中高一貫の女子校に通っていたから、そのまま高校に進めた。けれど、

「高校に進む気はありませんでした。そのころ、高校に進学する友だちは私の周りではごくひと握りでした。中学を卒業したら働くのが当たり前、私はそう思っていました。

高校に行かないと言ったら中学の先生が驚いて家に電話を寄越《よこ》しました。でも、私の決心は変わりませんでした」

自宅は鍋茶屋さんのすぐ近く。幼いころから、芸妓さんの行き交う姿を日常的に見ていた。

「格好《かっこ》いい芸妓さんがたくさんいたのです。その姿に憧れて、芸妓さんになりたいなあと、ぼんやりと夢を描いていました」

福豆世さんが古町花柳界に入ったとき、振袖《ふりそで》さんと呼ばれる若い芸妓が約五十人いた。

「同期だけで二十人。留袖《とめそで》さん、お姐さんを合わせると二百人くらいの芸妓さんが古町にいらっしゃいました」

花柳界に入ってわかった現実

福豆世《ふくとよ》さんが古町花柳界に入ったとき、振袖さんと呼ばれる若い芸妓が約五十人いた。

「同期が二十人。先輩が確か二十九人、振袖だけで四十九人いました。留袖さんが百五十人くらい、合わせて二百人くらいも芸妓さんが古町にいた時代です」

入るまでわからなかったこと、想像もしなかった現実が、身の回りにたくさん押し寄せて来た。

「芸妓になって初めて、〈芸妓は容姿が大事だ〉と知りました。振袖には、やはり外見の美しさが求められます。私、花柳界に入るまで、自分の容姿が大切だと気づかなかったのです」

苦笑いもせず、真面目な顔で福豆世さんは溜《た》め息をついた。福豆世さんはいまも品格に満ちた美貌の持ち主。当時はさぞ愛らしい少女だったと思うが、本人は否定する。

「若いころ〈老け顔〉だったんですよ。綺麗《きれい》な同期の仲間に、容姿では叶《かな》いませんでした。入ってすぐ『間違えた』と思いました。想像していた世界と違う。踊りなどの芸がきちんとあれば何とかなると思っていましたが、そうではありませんでした。いきなり、落ち込みました。自分には向いていない仕事だなあと気がついたのです」

十五歳の福豆世さんは花柳界に入って早々、挫折と失望を味わった。可愛《かわい》さがものをいう振袖の時代はずっと、言いようのないもやもやと反発心を抱えていたという。

「面白くないから、だんだん笑顔が少なくなりました」

六十年が経《た》ったいまも、そのころの気持ちを語る福豆世さんに笑みはない。それほど苦悩に満ちた十代の蹉跌《さてつ》が深かったのだろう。

「毎日、どうやったらやめられるか、そればかり考えていました。お座敷でも、あまり喋《しゃべ》れなくなりました……」

ひとつの転機は三年後、〈半玉〉から〈留袖〉になったころに訪れた。半玉とは見習いの芸妓さんを意味する呼び名。まだ半人前との位置づけで玉代《ぎょくだい》が半分だから、そう呼ばれる。一人前の芸妓と認められ留袖（一本）に昇格すると、着物も髪型も変わり、大人の芸妓さんの階段を昇り始める。

「一本になって、プツッと切り替えができたのです。外見を可愛く見せようという努力をする気持ちにはならなかった。けれど《芸だけは努力すれば必ず伸びる》、そんな気持ちになれたのです」

１９５６、57年ごろの西堀通りを歩く古町芸妓。左端が福豆世さん（本人提供）

福豆世さんはやがて〈天職〉に目覚める。それが、今日《こんにち》へと続く、長い芸妓人生の太い柱となった。

「三味線が好きになって、清元《きよもと》の方に入っていったのです。東京にも稽古に行けるようになりました。三味線に移ってからは、先輩にも引き立ててもらえるようになりました」

福豆世さんの人生を三味線が変えた。

三十歳になるころだという。福豆世さんは、十五歳から十五年間もの歳月を悩み、葛藤した末に、自分の〈生きる道〉を確信した。それからは、どんなに忙しくても、〈やりがい〉が辛《つら》さを上回った。

月に一度だけの休日

実は福豆世さんは、お酒が得意ではないという。少しでも飲めば、具合が悪くなる。それでも、お座敷では無下《むげ》に断るわけにいかない。勧められれば笑顔で受ける。鍛えても強くならなかった。少し無理をするとその晩、自宅でもがき苦しむことになる。

布団から這《は》いだし、洗面所に駆け込む夜を何度経験したか、数えきれない。

それでももうやめようとは思わなかった。お座敷に、自分の輝ける場所、まさに天職を見つけたからだろう。そしてもちろん、実母と養母ら家族を支える責任感を

三味線を弾く福豆世さん（右から2人目）。踊り手を支える不可欠な存在だ＝2012年

背中に携えていた。

昭和三十年代の労働環境は、どんな職種でも厳しかった。働く時間は長い、休みが少ない、自由が利かない。修行的な労使関係は、社会全体の当たり前の空気だった。古いしきたりを土台にする当時の花柳界、芸妓さんもまた、ほとんど休みがないのは、ごく当たり前だと理解されていた。

「お休みは、第二日曜だけ、月に一回でした。その日はたいてい、映画のハシゴです。一軒で二、三本やっていましたが、二、三軒は回りました。東映は中村錦之助、片岡千恵蔵、大映は長谷川一夫、東宝は加山雄三、日活は石原裕次郎。ただもうボーッと見ているだけで、見た映画のあらすじも思い出せない。それでも映画を見るのが楽しかった」

眼《め》を輝かせて言う。若き日、束《つか》の間の休日、映画に感動すると、すぐ向かいのレコード店に飛び込んでサウンドトラックのレコードを買った……。〈いまを生きる〉。懸命に、精一杯の青春の日々を走り抜けていた。

「洋画も好きでした。《シェーン》《カサブランカ》《黒水仙》……、デボラ・カーの美しさにすごく憧れました。映画の後は、三日月（甘味屋、現みかづき）であづきアイスを食べるのが楽しみでした」

十代の蹉跌を支え続けた本

当時十五歳、まだ少女と呼んでもいい福豆世《ふくとよ》さんが、「道を間違えた」、古町花柳界に入ってすぐ悔やんだ……。

華やかなお座敷でさえ無口になるほど、蹉跌《さてつ》は深かった。小さな胸の中に封じ込めるには、大きすぎる苦悩だったに違いない。

「スーツを着て欲しい」

養母はそう言った。置屋に生まれ育ち、芸妓《げいぎ》になることは宿命のようでもあったが、あえて養母は福豆世さんに自由を与えた。世相は激しく動き始めていた。養母の時代とは違う。女性たちにも生き方を選ぶ自由が認められ、自分が望めば様々な職場に就ける時代が眼《め》の前に広がっていた。

それなのに、福豆世さんは自ら芸妓の道を選んだ。憧れていた。大好きな踊りにもっと打ち込める……、そんな夢を描いていた。それだけに、入ってすぐに自分から「やめる」とは言い出せなかった。

他の少女たちがまだ高校一年の春、そして夏。誰にも言えない、自分でどうすることもできない八方ふさがりの中で、福豆世さんは希望を見失っていた。

同期の二十人の中で、福豆世さんは「売れっ子」の部類に入っていなかったと、ご自身は振り返る。本当にそうなのか、私には信じがたいが、ここは福豆世さんの

お座敷で三味線をひく福豆世さん。腕を見込み、ひいきにする客が多い＝2012年

言葉どおりに話を進めよう。

「いろいろな部分が、私には欠けていたのだと思います」

本当は、愛嬌《あいきょう》、笑顔、踊りなど、個性があれば人気を得られる。そこに気づくことができなかった。

若さゆえの頑《かたく》なな思い込みが福豆世さんをさいなんだ。

お座敷を離れてゆっくりできる休日は月に一日しかない。日々の心の癒し、毎日のお座敷に自分を駆り立てるわずかな充電は「読書」だった。本を読むこと。それだけが十代の福豆世さんにとってのオアシスだった。

とくに心をつかまれたのは、作家・井上靖の小説だった。井上靖は一九五〇（昭和二十五）年に《闘牛》で芥川賞を受賞。その後、ちょうど福豆世さんが花柳界に入った直後、《氷壁》《天平の甍《いらか》》といった代表作を次々に発表、文壇の主役的存在になっていた。

中でも福豆世さんが好きだった作品は、《猟銃》《通夜の客》などだという。

道に迷い、心を傷めて歩む十五歳からの長い葛藤。〈天職〉と自他共に認める三味線に目覚めるまでのおよそ十五年間、〈本〉を読むことが福豆世さんを支え、励まし続けた。

芸者衆とゆっくり飲んで三円

一九七〇（昭和四十五）年三月、新潟三業協同組合が発行した『ふるまち』という小冊子に、興味深い座談会が載っている。読み物に続いて、芸妓さんの顔写真と置屋名、名前がずらりと並んでいるから、古町芸妓名鑑と呼ぶべき正式な発行物だったのだろう。

《柳と橋と雪の肌》と題した座談会には、三業組合理事の立場で力弥姐《ねえ》さんも参加している。司会は大旦那のひとり、当時新潟商工会議所会頭だった和田閑吉さんだ。話は、大正から昭和の初めころの様子に始まる。

「一流の料亭で芸者衆を呼んで、ゆっくり飲んで三円ぐらいだった」と、和田さんが言う。

一九二六（昭和元）年の物価を調べると、米十キロで三円二十銭くらい。公務員の初任給が七十五円というから、三円はいまの五千円くらいだろうか。和田さんがこうも語る。

「芸者にも医者好みとか学生好みとかいた。医専と高等学校の学生――」

行形亭の行形松次良さん（三業組合理事長）が受けて言う。

「うちが街から離れていて静かですので、試験のとき勉強にきなさる学生さんもいました。あとで芸者衆を呼んで夕飯食べて帰るんです」

するとカ弥さんが答える。

「学生さんが帰るというと、そのマントの中に一緒にはいって下宿まで送ったもん」

そして分唐津のミヨさんが続く。

「夜がふけるまで送ったり送られたり、ただ話をしているのが楽しいんですねえ」

いまの時代からは想像できない、甘酸っぱい青春の風景も新潟花街を彩っていた……。

さらに、近くの小学校のあだ名が《芸者学校》だったと、玉家のツグさんが笑って言う。「頸《くび》におしろいをつけていくのが自慢なんです。学校へお座敷がかかったって電話がくる」

つまり小学生のころからお座敷に出ていたということか。この話をカ弥さんが補足する。

「先生が『田中（カ弥さんの本名）はやったすけ早よ帰れ』。シャアシャアとして帰りますわね。翌日、『お前どこではやった?』。お客様が先生のときもあって、『先生、ゆうべはありがとうございました』（爆笑）」

いい時代でしたね、と会話は続く。はやった、とはお座敷が入ったという意味だ。これが三業組合から発行されている。日本にも、大らかな時代があったのだ……。

座談会が掲載された新潟三業協同組合発行の小冊子「ふるまち」（1970年）

レルヒ少佐、菊池寛、竹久夢二

いまから五十年近く前（一九七〇年）に発行された芸妓名鑑《げいぎ》『ふるまち』の座談会があまりに面白いので、もう少し紹介しよう。

印象に残るお客さんといいますと……という投げかけに、玉家のツグさんが率直に答えている。

顧客のことは話をしないのが古町の仁義と聞いていたが、やはり「時効」もあるのだろうか。その話がとても興味深い。

読めばわかってもらえると思うが、それは日本の歴史の、教科書に載らない人間味あふれる史実といってもいいだろう。

「そう、スキーのレルヒ少佐。高田の金谷山へ来た帰りに鍋茶屋でねえ、加賀家のはるちゃんを好きになりなったっけ。戦後ポンと二百円の大枚を初めてもらって覚えているのが……」

ツグさんが語り出す。

「（東京から）汽車賃使ってやって来ても安い時代だったよ。作家の菊池寛と歌本の市太郎が恋仲になったのも覚えている。美人画家の竹久夢二、この人が鴨会津の妓にホレてねえ。旅館に泊まっていて毎日のように会っていたものだ」

そう引き継いだのは和田閑吉さんだ。

和田さんはさらに、全国いろいろなところに出かける中で、新潟の味はどうですか？　と聞かれて次のように答えている。

「まずは芸妓が礼儀正しい。踊るとき必ずお客さんにお辞儀する」「赤坂や柳橋あたりでは芸者がやってきたと思うとすぐ帰ってしまう。あれでは……新潟は少くとも一時間なら一時間、一定の時間ちゃんといるもの」

その伝統は、いまの〈柳都さん〉にもきちんと受け継がれている。さらに、和田さんは古町芸妓の魅力をこう語る。

「多勢でやる会もいいが、二、三人で飲むときの雰囲気がとくにいい。それから芸者衆の粒がそろってる。東京は全国の寄せ集めだから、一人だけ抜き出せばすばらしいのがいる。だが十人、十五人とそろえたら新潟が一番立派だね。それに新潟は地元の子が多いから雰囲気が出る」

新潟弁がいい、ナマリがあるのが親しめるんだ、あにさまという言葉がウケる、といった本当に率直な感想や証言が続く。

これが発行されたのは新たな芸妓が誕生しないまま五年が過ぎたころ。そのせいか、「振袖組がもっとふえるように」「新しい時代に合った花柳界を育ててもらいたいねえ」といった願いも語られている。

「芸者学校」と呼ばれた時代

ふたつ前の話で、古町花柳界のある地域の小学校が「芸者学校と呼ばれていた」と書いた。

本当に、小学生のうちからお座敷に出ていたのか？

改めて調べてみると、編著者・平山敏雄さんの労作《新潟芸妓の世界》（新潟日報事業社）に『大畑ガッコー、芸者ガッコー』と題して、次のような記述があった。

一九七三（昭和四十八）年の出版当時、満八十歳。料亭玉屋の女将《おかみ》だったツグさんの話だ。

『私なんて、あってもなくてもいい子だったんですよ。生まれてすぐ死んでしまえばよかったんですが、たまたま生きたわけですコテネ。いらない子だから、物心もつかない時分に、あの家この家とたらい回しになって、数え年五つまでに四人も親が変わりました。この年になっても、生みの親の顔もわかりませんよ』

生まれは一八九三（明治二十六）年十一月。記憶にあるのは、車屋（人力車）にもらわれたあたり。数えで五歳になって、そこから芸妓置屋《新玉屋》にもらわれた。満年齢なら四つにもなっていない。新潟商業銀行や鍵三銀行など、地方銀行設立が流行の時代だった。

『玉屋に来た当時は、「オカカのとこ帰る」と泣いてばかりいました。その時分、

明治中期の古町通6番町。左の3階建ては勧工場＝新潟日報事業社「ふるさとの百年〈新潟〉」より

古町六番町の、いまの新潟ビルのあたりが勧工場で、いまでいえばデパートですね。なんでも売っていました。「そこで三味線買ってやるから、泣くんじゃない」と慰められたんですが、「三味線も琴もいらないスケ、オカカのとこ帰る」と泣きじゃくりながらいったのを、この年になっても覚えています』

そのころの少女の現実を痛いほど感じさせられる。日本がまだ貧しく、ひとりひとりの思いに気を寄せる余裕がなかった時代。

『そのころは児童なんとか法なんてのがありませんでしたから、こどもからでもなんでもお座敷に行けたんです。（中略）

その時分は、こういうおシャク（雛妓）のまた小さいのを、「オタンチ」とか「チビ」とか呼んでました。満にすれば十になるかならずの年ですからお座敷での仕事も、当人が気負うほど大したことじゃないんです。お酒を運んだり、料理を運んだり、まあ、小間使いですね』

芸者になる子は芸の修行が第一という雰囲気の中、ツグさんは小学校を四年で卒業。数え年十六でお披露目をし、一人前の芸妓になった。

この年、養母が芸妓を引退し、新玉屋五人の生活はすべてツグさんの双肩にかかった。

玉は二十三歳で芸妓を引退した

時代が変わり、世の中のすべてが戦前や戦後すぐとは大きく様変わりしたように、古町花柳界もいまは昔と別世界と言っていいほど新しく変貌している。

一九八七（昭和六十二）年に誕生した柳都振興株式会社は、古町花柳界の近代化を進める上でも大きな役割を果たしたと言えるだろう。

この本では次の章で柳都振興が育てた現役芸妓さん一人ひとりに光を当てるが、その前にもう少し、古い時代の芸妓さんの生き様を伝えたい。書物に残された数々の証言が素晴らしくリアルで、古町花柳界の歴史を知る〈貴重な財産〉だと感銘を受けている。

多くの方々が情熱を持って綴《つづ》られた伝説に触れると、往時の光景が目の前に浮かび上がるようだ。

改めて、平山敏雄さん（元新潟日報社社長）編著の《新潟芸妓の世界》に書かれた証言を手がかりに進めたい。

芸妓を引退した後、料亭〈玉屋〉の女将《おかみ》を長く務めたツグさんの話だ。

『私は、大正四（一九一五）年だったでしょうか、数え年二十三歳のときに落籍《らくせき》されましてね。相手は、大分《だいぶ》前に死にましたけど、当時の大金持ちでした。名前をいえば、いまでも知ってられる方が多いでしょう。養母の「江戸芸者」は、その人がきらいだったから、ひかされるのには反対だったし、料理屋さんあたりも、「折角こんなに稼ぐのに…」と残念がってくれたんですが、その人のこどもが出来るということだったもんですから…』

落籍とは、見受金などを出して芸妓家業をやめさせ、妓籍から名を除くことをいう。落籍料は置屋に払われる。ツグさんの場合は、養母に五千円が支払われたという。当時の貨幣価値はいまの四千分の一程度。換算すれば二千万円くらいに相当する。

その額は、当時の古町では「一番高い方だったんじゃないでしょうか」と、ツグさんが述懐している。

平山敏雄さんはツグさんの落籍をこう表現している。

『「玉」は、表面華かな、しかし内実はかなりきびしい芸妓生活の八年間を、持ち前の勝気で乗り切った末、数え年二十三歳で落籍され、うちに入った。以来五年間、人の世話になる生活が続く。月のお手当て千円だったというから、大正期としては法外に恵まれた生活だった。しかし、男女四児が生まれたところで、彼女はお手当てをいただく生活と縁を切る。子どもに対する影響と、根のない生活に対する不安が、理由だった』

芸妓さんの浜遊び。大正時代の新潟市（新潟日報事業社「新潟県の100年消えた町並み」より）

父のいない子どもの問いかけ

ツグさんを落籍《ひか》した大旦那は、ツグさんを支援するのに、家の金も会社の金も使わなかったという。株で儲《もう》けて、「その金でやる人でした」とツグさんが話している。その男性との間に四人の子が生まれ、二人はすぐに病死。男女二人の子を育てた。五年が経《た》って、ツグさんはその男性に「おヒマをもらいたい」と申し出る。「芸者はぜったいしませんから……」と条件をのんでヒマをもらい、もらった家で料理屋を始めた。

料理屋を始める許可がすぐに警察から下りなかった。署長に相談すると、「ダンナとの話をまずよくつけるんだね」と煮え切らない言い方をされた。ダンナから、許可をしないようにと先手が打たれていたようだ。世の中がまだそんな時代だった。ツグさんが話している。

『実の父親がありながら、形の上では私一人の子になってるもんですから、こどもたちにはずいぶん気を使って育てました。もうどちらも五十代になって、長男は研究者として一応名も知られているし』

『小さいときは、あちらこちらと回されて、イヌ、ネコ扱いだったのが、いまはこうしていられる。人の一生はわからないもんですね』

生涯で一番うれしい思い出は「長男が現役から旧制一高に入ってくれたこと」だ

大正時代後期の古町通8番町。奥が白山神社方向（新潟日報事業社「ふるさとの百年〈新潟〉」より）

という。芸者にこどもはいらない、と幾度となく思わされる苦汁《くじゅう》をのんでいた……。

『だって、そうでしょう。こどもだって、学校に行けば、先生や友達から「お父さんは?」と聞かれたりすることがありますよね。むすこが中学生のころでしたか、もう夜遅くなっていましたが、突然隣りの部屋から「そういう場合、ママさん、どういうんです」と聞くんです。「亡くなったといえばいいじゃないの」、「生きている人をそうはいえませんよ」。こどもたちも、そのころはもう父親のことは知っていましたしね。「ソウ」といったなり、私は電気をパチンと消すよりありませんでした。隣りの部屋からは、そのあと物音がしませんでしたが、静かにしているだけに、こどもがなにを考えているか、と思うと、ふびんでしてね』

ツグさんの話を紹介した《新潟芸妓の世界》編著者の平山敏雄さんはこう書いている。

『「こどもだけはりっぱに育てて、父親に〝離れて行った女だけれど、さすがにいい子を育てた〟と思ってもらいたかった」という彼女の述懐でもわかるとおり、世の中とのかかわり合いを必死に拒んで、わが巣を守り通した親鳥の姿勢が想起されるのである』

終戦直後のお座敷は進駐軍相手

続いて、越中家の力弥姐《りきやねえ》さんの回想を《新潟芸妓の世界》から紹介させてもらおう。

力弥姐さんは、柳都振興のお母さん役として、陰の力となった田中喜美《きみ》さんのお母様だ。

〈進駐軍が来たころ〉と題して、次のように語られている。

『〝これからどうなるんだろう〟と思ったのは、戦争に負けて、進駐軍が来たときです』

戦争中は歌舞音曲が禁止、力弥姐さんをはじめ、古町芸妓は誰もお座敷に出られなかった。他の婦人たちと同じく、女子挺身隊《ていしん》として、旧日本石油の工場に手伝いに行っていたという。

『そのころは、もう二度と芸者に出られるなんて考えもしなかった。終戦になって、芸者出来るようになったのはいいろも、それが進駐軍のお座敷なんですよ。その年の九月、警察から話が来て、進駐してくるから、どうか出てくれというんですね』

戦争中は「鬼畜米英」と教えられ、敗戦後は「進駐軍が来たら女はかくれろ」と言われていた。

「とっても進駐軍なんかおっかなくて出られない」と言うと、「警察が保証するから、

新潟市内を視察する米第8軍司令官アイケルバーガー中将＝1945年10月（新潟日報事業社「県民の半世紀」より）

どうしても出てくれ」の一点張りで断れなかった。

『お客様見れば、ウブ毛みたいのが生えて、みんな茶色の目ばかりでしょう。しゃべりはわからないし、気持が悪くて。日本の警察はいたろも。ほんのきにおっかなかったわね。若い芸者衆に、「あなたたち、アメリカが酔ったら、脇へあまり寄るんでないよ」といいましたコテネ』

日本の役人たちは、進駐軍がどんな振る舞いで敗戦国を扱うのか見当がつかなかった。だからなんとか、古町のお座敷で機嫌を取ろうとしたのだろうか。古町花街に慣れてくると、進駐軍の注文がエスカレートした。

『「夜とぎするようなのがほしい」というから、「新潟の芸者はそういうことしない」というと、「どうして新潟ばかりそういうんだ。ほかの土地へ行くと、飲んでいて、隣りの部屋開けると、そこにフトンが敷いてある。たいがいそうなのに、どうして新潟ばかり出来ないんだ」とダダをこねましてね。ほんに困ったわね』

お酒もお米も〈統制〉の時代。日本人のお座敷はほとんどなかった。あっても、料理屋に酒も食材も十分にないから、お客が酒や米を持ち込んでつつましくやるのが精一杯だった。そんな時分に、外国人の席には「ビールでもなんでもふんだんにあった」。

芸妓が「左褄を取る」意味

芸は売っても身は売らぬ。

古町芸妓は、この伝統と誇りを守り続けている。そのことが、《新潟芸妓の世界》の「戦中派芸妓の聞き書き」からも伝わってくる。蔦屋の小そのさんと分唐津の寿賀子さんの回想。終戦直後、進駐軍のお座敷が続いたころ、「一回、おっかないことがあったですよ」とこう話している。

『「古町の芸者はそれはダメなんだ」と最初からいい渡しておくから、アメリカさんの方も大体そういうもんだと思っていた。その夜は、「ただ送るだけでいいから、いっしょに来てほしい」という』

「みんないっしょに行くなら…」「女性だけで送ってほしい。通訳もダメだ」「それではイヤだ」「君たち、頼むよ」、招待元の日本人に懇願され、断り切れず若い芸妓三人で送った。「行ったら、すぐ帰してくださいね」「オー・ケー」。ついて行くとアメリカ人が大勢出て来て、お茶やお菓子で歓待してくれた。

『そのうち、ひょっとみたら、仲間の一人がいないんだわ。ハッと思ったら向こうでキャアーという悲鳴が聞こえるの。ソレッというので、二人で立とうとしたら、兵隊さんが私たちの手をつかまえて離さない。必死になって、どうやって振りほどいたかわからなかったけど、とにかく振りほどいて、声のする部屋に飛んで行ったら、ベッドの上に倒されようとしているの。それから二人で相手の男をパッとつき飛ばしたの。どうしてあんな力が出たか、わからないけど。そうして、ベッドのとこで三人してワーッと泣いたの』

さすがに「ごめんなさい」といって、車を呼んで帰してくれたという。

京都生まれの西尾久美子さんがお書きになった《京都花街の経営学》（東洋経済新報社）には、売春防止法が施行される昭和三十年代前半まで、ほとんどの花街に芸妓さんと娼妓《しょうぎ》さんがいたとした上で、こんな記述がある。

『芸妓さんや舞妓《まいこ》さんは、屋外など裾を引きずって歩くことができないところでは、必ず左手で「褄《つま》（着物の裾下の部分）」をもつ。このことは「左褄」と呼ばれる。「左褄をとる」という言葉が「芸妓になる」という意味をもつのは、このことに由来する』

これに対して、花魁《おいらん》などの遊女、和装の衣装の新婦は右手で褄をとるのだという。左手で褄を持つと、着物と長襦袢《ながじゅばん》の合わせ目が反対になり、男性の手が入りにくくなる。

『つまり、左褄は「芸を売っても体は売りませんよ」という当時の芸舞妓さんの気持ちを表現した所作なのである』

柔和部門一位、井筒屋じゅん

かつて新潟県内には、古町だけでなく各地に芸妓文化があった。その中でも、古町芸妓はやはり別格の存在だったという逸話を、《湊町新潟に伝承する文化・芸能の歴史的資料》は語りとどめている。

一八八五（明治十八）年に絵入新潟新聞社が主催した「新潟芸娼妓《げいしょうぎ》十傑」の読者指名投票で「柔和」部門一位に選ばれた、〈井筒屋じゅん〉の逸話である。

東日本鉄道文化財団が発行したこの四百頁《ページ》以上にも及ぶ《湊町新潟に伝承する文化・芸能の歴史的資料》は、各章を新潟の文化・芸術に詳しい専門家が分担して書いている。

「第四章　古町花街と古町の料亭文化」を執筆したのは、新潟花街研究家の故・藤村誠さんだ。

藤村さんは、一八八七（明治二十）年刊行の《風流万千花合せ《ふるまち》》の記載から、次のように書いている。

『かねて、お順（井筒屋じゅん）をひいきにしていた加茂町の旦那が、お順を三条に呼び、土地で名高い芸妓にひき合わせた。お竹という他人も認め自らも許す評判の「お饒舌《しゃべり》芸妓」で、どんな宴席でも初めから終わりまで口が休むということがなかった。そのお竹が、お順の前では、どうしたことか口一つきけない有様であった。

不審に思い問い詰める旦那や朋輩《ほうばい》に、お竹も今は仕方なく、

「今日という今日は、新潟の姐《あね》やが遥遥《はるばる》とこのお座敷へ来て、チンとすましておられる故、さすがの私も、その見識に気がひけて、一言半句の言葉もよう出せなかった」と、打ちあけた。柔和の中にも、にじみ出る十傑芸妓としての風格が、さすがのお竹をだまらせたのであろう』

最近の表現を使えば、「オーラがあった」「存在感が全然違った」とでも言えばそのときのお竹の気持ちを表せるだろうか。

井筒屋じゅんの物腰、見識が三条一のお竹に理屈抜きのリスペクトを抱かせた。じゅんもじゅん、お竹もお竹、双方のレベルの高さ、誇りを感じさせるエピソードだ。

井筒屋じゅんについて、一八八六（明治十九）年に刊行された《新潟芸娼妓略伝》は、次のように表現している。

『じゅん女は、当区の産にして、姓は井筒と称す。性質は柔和は固《もと》よりなれど、言語進退《ことばたちい》も優しくて、花柳に芸を売ながら、操《みさお》正き節婦《おんな》にて、是等《これら》が美人の最第一、新潟芸妓の十傑に柔和と指名せられけり』

現代に続く古町芸妓の誇りをそこに感じる。

第五章

いまを生きる、古町芸妓たちの素顔

地元有志の熱意で生まれた柳都振興株式会社は、すでに三十年の歴史を重ねた。新たな仕組みから育った古町芸妓たちは、伝統を継承しながらもまた新たな気質を持ち、誇りを携えている。結婚、出産も許されるいまの芸妓さんたちの素顔と生き様を垣間見る。

眼差しが動かない紅子さん

いま古町花柳界では、柳都振興株式会社で育った芸妓《げいぎ》さんが十四名いる。そのうち〈あおいさん〉は三年前、柳都振興から独立し、自ら〈津の〉という置屋を開いた。だから、柳都振興所属の芸妓さんは十三名。留袖さんが四名、振袖さんがこの春お披露目をした四名を含め九名という内訳だ。

最初に登場してもらうのは、〈柳都さん〉の中で最もキャリアの長い紅子さん。動かない眼差《まなざ》しが印象的。小柄だが、他者の言葉に動じない凜々《りり》しさを感じさせる芸妓さんだ。

「育ったのが西堀ですから、花柳界の雰囲気は幼いころから身近に感じていました。大畑小学校に通っていたとき、創立記念日か何かの催しで、卒業生だというお姐さんたちが踊ってくださった思い出があります」

花街を近くに感じてはいたが、踊りを習った経験もなく、まさか自分が花柳界に飛び込むとは想像もしていなかった。

「下地がまったくないので、苦労しています」

謙遜して笑う。柳都振興が出来たと知って、興味を覚えた。発足から五、六年経《た》ったころ、縁あってこの道に入った。

「入ってまもなく、日本髪のカツラを作りに東京に行ったのですが、カツラが似合

往時の風情を残した小路に立つ紅子さん（撮影・大杉隼平）

わない。大きな舞台の前にお化粧をしてくださる〈顔師さん〉にも、『顔が向いてない』とはっきり言われました。私ほど芸妓に向いていない人はいない、いまでもそう思っています」

心ないことをずけずけ言うものだと胸が痛むが、職人さんの世界だけに、そのような戯《ざ》れ言が当たり前だったのだろう。そんな中で、紅子さんは今日まで歩みを重ねてきた。

「ここまで長く花柳界にいるとは思いませんでした」、向いていないと言いながら、柳都さんの中でいちばんのベテランとなり、いまも活躍を続ける。何か相性があるからだろう。

「知らない人と喋《しゃべ》るのは好きですね。芸者さんとして喋るから好き。お座敷の中では、誰とでもお話しできますから」

お座敷では、年齢も、肩書きも、地位も職業も関係なく、お客様と芸妓さんとして、身近に会話ができる。

「芸者さんとして喋るから好き」という言葉が心に残った。含蓄がある。友達同士でも、上司と部下でもなく、〈お客様と芸妓〉という特別な関係にこそ、そして〈お座敷という空間〉にこそ流れる、独特の魅力があるのかもしれない。

「〈目玉〉、何やってる！」

「日本舞踊がうまく踊れなくて、先代のお師匠さん（六世市山七十郎《なそろう》さん）にはずいぶん厳しく指導を受けました」

紅子さんが言う。

「新潟まつりのときは山車に乗って踊るのですが、踊っていてフリを間違えた、そしたら、『〈目玉〉、何やってる！』、大きな声が飛んできました。見ると先代のお師匠さんでした」

先代はお弟子さんにあだ名をつけるのが上手《うま》かった。紅子さんは「あだ名を付けてもらった最後の弟子」だという。それだけ目をかけてもらっていたのだろう。付けられたあだ名が〈目玉〉だった。

「舞台で踊りを間違えたり扇子を落としたりすると、それはもうトラウマになります」

プロの芸妓さんという立場、始めたころの緊張の記憶は、洒落《しゃれ》にならない。

「先代には『下手くそ』とか言われました。いまの市山のお師匠さん（七代目市山七十郎さん）にも熱く教えてもらっています。師匠の言葉は胸に突き刺さります」

芸の道は厳しい……。

紅子さんに話を伺ったのは、五月から新しく柳都振興の本拠となった旧美や古。

お座敷であでやかに舞う紅子さん＝2012年

六月からは芸妓さんがお運びもする『柳都カフェ』の一室となっているお座敷。それまで短い挨拶《あいさつ》は交わしていたが、ゆっくり話をするのはこれが初めて。普段の過ごし方を聞くと、「本を読むのが好きです」と教えてくれた。

「SFとかミステリー。ハヤカワとか東京創元社の本はかなり読みました」

好きな作家を尋ねると、アメリカの人気作家ローレンス・ブロックやアガサ・クリスティーの名がまず上がった。日本人では小松左京、筒井康隆、半村良、大藪春彦、平井和正などをもう小学生のころ、「図書館にめちゃめちゃ通って」読みふけったという。

さらには、池波正太郎、吉川英治、山崎豊子、塩野七生……。それらの読書歴は、間違いなくお座敷での会話の糧になっているだろう。

「最近は、伝記や評伝が好きですね。アガサ・クリスティーの自伝を読んだのですが、有名な失踪事件のことは一切書いてない。他人の書いた評伝では逆にその話がメインになっている。そういうところも面白いですよね」

映画も大好き。一番の原点は『ゴッドファーザー』だという。

「それも中学生のころ、原作を先に読んでから映画を見たのです。原作がもう、ものすごく面白かった」

「ディック・フランシスのミステリーを読んで古き良きイギリスを感じたり、メグレ警視シリーズでフランスに行った気分になったりするのが楽しかった。カトリーヌ・アルレーの作品も好きでした」

アルレーは、完全犯罪を描いた『わらの女』などで知られるフランスの女流作家だ。

紅子さんのハードロック魂

読書家の紅子さんがもうひとつ愛してやまないのは、「ハードロック」だという。

「小学校のころはボンジョビ、中学のころがガンズ。彼らがリスペクトするアーティストをさかのぼって聴くと結局、ビートルズやレッドツェッペリン、クイーンにたどり着くんですよね」

和服姿の紅子さんが、さらりと言う。その言葉の奥には、和とか洋といった枠を超えた、〈情熱の源泉〉とでも言うのか、紅子さんを動かしているエネルギーの〈原点〉が感じられた。

オフタイムの楽しみを聞くと、

「カラオケで、ハードロックを歌っているときが楽しい」と笑った。「アースシェーカーとか、エックス・ジャパンも、それほどコアな追っかけじゃないけど、ときどき歌います」

ハードロックとミステリー好きの紅子さん。この装いでのお座敷も増えている

柳都カフェのお座敷、和の装いで、普通なら不似合いに感じる洋楽やハードロックの話をする自分をミスマッチに感じたのか、紅子さんが少し言い訳するみたいに続けた。

「日本の古い歌謡曲も好きですよ。《上海帰りのリル》とか、《イヨマンテの夜》《街のサンドイッチマン》とか、モダンでいい歌がたくさんあったんですね」

ハードロックを愛し、映画《ゴッドファーザー》、さらにはハヤカワや東京創元社のミステリーから評伝までを耽読《たんどく》する〈紅子さん〉という熱い魂が、日本髪、白塗り、お引きずりの留袖を身にまとってお座敷に出る。踊るのは日本舞踊……。

紅子さんの心の内で、どのようなエネルギー変換が行われているのか、あるいは自然体なのか。その内面と外面を頭の中で一致させようとして、困惑した。ロックのテンポと、民謡や長唄の雰囲気がすぐにはひとつにつながらない。だが一方で、ロック魂と芸妓の生き様はどこか通じるようにも感じた。いや、一度話を聞いたくらいですべてをわかろうとするのが野暮《やぼ》だし失礼だろうが、〈紅子さん〉が決してたやすくすべてを理解できそうにない、どこかミステリアスな女性であることは感じられた。そしてもちろん、お座敷を知らずに紅子さんを語ることはできない……。

初めてのお座敷体験

二〇一八年六月最後の水曜日、初めて〈客〉としてお座敷を経験した。

日が暮れかかる夕刻六時半、新潟市・西大畑の行形亭《いきなりや》さんの前でタクシーを降りると、庭を背に、二人の仲居さんが出迎えてくれた。入ってすぐ左手の建物に案内される。

「お座敷はすべて〈離れ〉になっています」

緑に囲まれた小径から見上げると、年季の入った屋根の造りが見えた。趣のある、懐かしい木造建築。

穏やかな静寂が流れる玄関で靴を外し、部屋に入ると、すでにお客様と芸妓さんが席についておられた。この夜の客は私を含めて九名。お姐《ねえ》さんが三人と若手の芸妓さんが四人。ほとんどの間々に芸妓さんがいる、おそらく贅沢《ぜいたく》な陣容だろう。

座布団に腰を下ろして、まずは部屋の趣に目を奪われた。鶴の細工が施された欄間は、まるで新築間もないかのように木肌が明るく輝いている。

「ここは昭和三（一九二八）年の建物です。欄間もその当時のもの。職人さんがときどき洗ってくださるので新しく見えます」

嫁いで十五年になるという若女将《おかみ》さんが、お酌をしながら教えてくれた。

お酒は新潟市・内野の樋木《ひき》酒造の《鶴の友》。新潟ならではの出しゃばらない本

姐さんたちが地方を務め、芸妓の舞が始まった＝2018年6月27日、新潟市の行形亭

物の味が、空間の心地よさと相まって、お座敷の豊かさを自然と醸し出してくれる。

さらに目を見張ったのは、そして思わず唸《うな》ったのは料理の見事さ、繊細さ、そして美味《おい》しさだった。ひと月前、連載のご挨拶《あいさつ》に伺ったとき、板前姿で現れた行形和滋社長の姿が頭に浮かんだ。ここは間違いなく、老舗の料亭であって、観光レストランではない。

新潟で最も古い伝統と格式を誇る料亭の基本は、建物やお庭とともに、料理の味と質。その基本をひたむきに守り、さらなる精進に努めておられる姿勢がお膳を通して伝わって来た。

古町花柳界、芸妓文化を彩るお座敷は「日本文化の総合芸術なんだ」と教えてくれた早福岩男さんの言葉が改めて実感された。

楽しい会話を交わすうち、小一時間はあっという間に過ぎた。

「それでは踊らせていただきます」

と小声でつぶやき、若手がお座敷から一度姿を消した。三人の地方《じかた》さん（お姐さん）が右脇に敷かれた赤い毛氈《もうせん》の上に正座し、準備を整える。たまきさん、美和さんの二人が三味線を構える。唄の小りんさんが、この日の演目を紹介して演奏が始まった。

それぞれの〈遠い視線〉の先

最初は《四季の新潟》の「春」。三人の振袖さん、菊乃さん、千秋さん、志穂さんが舞う。留袖の紅子さんが加わって《四季の新潟》の「夏」。さらに《新潟おけさ》と続いた。踊りはやはり〈力の抜け具合〉に技と心が現れるように感じる。フリをなぞるのに懸命で手足の動きに気を奪われたら、ぎこちない踊りになる。

「踊りの役柄になりきって、その役の気持ちになれば所作は自然にそうなるでしょう」

市山七十郎《なそろう》師匠の言葉を思い出す。人は例えば不安にかられれば視線を落とす、うれしいときは自然と胸が開くだろう。市山流の日本舞踊の振り付けは、人間の感情と行動の法則に従っている。頭で動きを考える必要はない。なりきれば、勝手に身体がそう動く、それが市山流の踊りの底流にある。

行形亭《いきなりや》のお座敷で、風雅な三味線の音、唄、踊りに身を任せ、ふと人生の年月を思った。

（若いころは、気持ちに任せて突っ走っていた。周りが見えず、自分の思いを遂げることで必死。自分本位の、力み返った踊りそのものだった……）

自分では正しいと信じ、遮二無二前に進もうとした。周囲と軋轢《あつれき》を生み、情熱や野心が空回りする二十代、三十代を過ごした。歳を重ね、欲や思い上がりが失《う》せて

踊りの間、客と視線が合うことはなかった＝2018年6月27日、新潟市の行形亭

から、時代と調和できるようになったかもしれない……。
四人の芸妓《げいぎ》さんが手ぬぐいを持ち、優雅に踊る。その眼差《まなざ》しが興味深かった。劇場の観客席から遠い舞台を見るのと違い、畳二枚程度の至近距離。踊る芸妓さんにとっても観客がすぐ目の前だから、そこに一定の距離を作る技が必要だ。決して客と視線は合わせない。

遠くを見つめる四人の眼差し。それぞれが、〈違う遠く〉を見ている。遠くは遠くでも、ずっと遠く、少し遠く、あるいは〈いま〉という現実を離れてどこか遠くに飛んで踊る。そこに芸妓さんそれぞれの個性やキャリア、踊りとの距離さえも垣間見える気がした。

「お客様と目を合わせたら、途端に踊りが真っ白になりそうですから、絶対見ませんよ」

振袖さんのひとりが、踊りの後でそう言って笑った。だけどもし、と想像した。不意に踊り手がこちらに視線を向け、一瞬でも見つめられたら……。その瞬間に心臓が止まりそうな衝撃を受け、心を奪われてしまうのではないか。それをしない古町芸妓は、シャイで奥ゆかしい、そして善良だ……。

そんなことを思った。

古町のお座敷が教えてくれる

踊り終えた立ち方さん（柳都さん四人）が手拭いでかぶりを隠してお座敷から姿を消した。思わず拍手を送ろうとして、思いとどまった。他のお客の誰ひとり、まだ手を叩《たた》いていなかった。その雰囲気を察したからだ。

お座敷では、地方《じかた》さんの演奏がまだ続いていた。三味線の最後の音が鳴り響き、その余韻がほどよく染み渡ったころ、お座敷から心のこもった拍手が響いた。

地方さんが会釈をして三味線を収める。拍手が鎮まるころ、芸妓さんたちが笑顔で我々の隣に戻ってきた。

これこそが、日本人の〈思いやりと気づかい〉の文化・習慣だ。華やかな立ち方さんばかりに目を奪われると、踊りが終わったときにすぐ拍手をしそうになる。いまの日本の習慣の多くがそちらに変わっている。人気アーティストのライブではそれがきっと当たり前だ。が、この料亭の日本間では違う。

「クラシックのコンサートと同じさ」

早福岩男さんが教えてくれた。

お座敷の踊りは、地方さんがあって成立する。なくてはならない地方さんへの敬意を忘れない。それが日本の伝統精神であり、世界の芸術文化にも通じるマナーだ。

そのような基本を、日本社会はあらゆる場面で失いつつある。それを、古町のお座敷は守り続けている。ここは大人たちが遊ぶ場であり学ぶ場でもあり、文化をつなぐ場でもある。

盃《さかずき》を交わし合う和やかな宴席に戻り、いっそう愉快な会話がお座敷を満たす。いつもの食事会や飲み会とは趣の違う充足感が心を満たす。このような穏やかな酔い心地に包まれたのは、いつ以来だろう……。

お座敷を経験して印象深かったのは、ベテランのお姐《ねえ》さんたちの存在感の大きさだ。派手やかな芸妓さんの輝きとは雰囲気が違う。派手な衣装も日本髪もないが、圧倒的なオーラをまとっている。

愉快な会話を生み出し、お座敷に〈華やかさ〉を醸しているのは実はシックな装いのお姐さんたちだと気がついた。

「角さんがね」と、田中角栄元総理との思い出話をお姐さんが聞かせてくれた。

「あのダミ声だけど、唄が上手でいなさって、ほんに色っぽい声で歌いなさるんだわ。私は、角さんの唄で踊らせてもらいました。その曲を稽古しててよかったと、つくづく思いましたテ」

名前は書いちゃだめと釘《くぎ》を刺されたので、誰とは記さないけれど、こうした話ひとつひとつに引き込まれた。

踊りを支える地方さん（正面）。大きな存在感でオーラを放つ＝2018年6月27日、新潟市の行形亭

バレエにかけた母と少女

柳都振興から育った芸妓さんで二番目のキャリアを持つ〈あやめ〉さんは、日本髪と白塗りが似合う。ところが少女のころの話を聞くと、和服姿からは想像もしなかった激烈な生き様がその「和」の内側に秘められていた。

「四歳になったとき母親に日本舞踊と西洋バレエの発表会に連れて行かれたのです。そして、どっちをやりたいかと訊《き》かれました」

唐突に迫られたあやめさんは戸惑った。まだ四つ。お母さんの問いかけの意味も全部は理解できない。そのときの写真だろうか。

「七十郎《なそろう》さん、七十世《なそよ》さんの名前の染め抜かれた暖簾《のれん》の下で写った写真があるんです」

友だちのひとりが、日本舞踊を習っていた。四歳のあやめさんは、「やはり、フリフリした衣装に惹《ひ》かれたのでしょう。友だちがいない方がいいなという思いもあって」西洋バレエを選んだ。まもなく、母親に連れられ、新潟市内のバレエ教室に入った。それだけなら、恵まれた家庭の少女に与えられる習い事の話だ。彼女の母の〈熱の入れよう〉は、平均的な母親たちと違った。

「両親は二人とも神奈川の出身です。父が日本歯科大の生物の教授で、新潟に大学ができるとき、移ってきました」

市山七十郎襲名披露公演で「うしろ面」を踊る市山七十奈緒ことあやめさん＝2018年2月、新潟市民芸術文化会館

新潟を第二の故郷にする決意で、家族みんなで転居してきた。だが、新潟で暮らしながらも母親の眼差《まなざ》しは常に東京へ、そして世界へと向けられていた……。

小学校3年になると、あやめさんは東京のレッスンに通い始める。毎週土曜の夕方、〈特急とき〉で東京に向かう。母親と一緒にホテルに泊まり、日曜の朝、渋谷区富ヶ谷のスタジオに行き、有名な牧阿佐美先生の特別レッスンを受ける。母親の熱意に押され、それが自分の生き方だと疑問を抱かなかった。周りは「まるで美空ひばりの母親のようだ」と評していた。

小学校5年のとき、上越新幹線が大宮まで開通した。それからは日曜の朝早くひとりで通った。埼京線で赤羽を経由し新宿へ。私鉄に乗り換え、最寄りの代々木八幡駅まで行く。

「バレエの荷物は大きいんです。しかも、ひとりで寂しいから大きなぬいぐるみを抱いて通っていた。大宮に着くと、家出少女と勘違いされて何度も補導されました。そのころは携帯電話もないから、駅員さんが母親に連絡を取るまで時間がかかるときもあった。すると、レッスンに遅れるわけです。それで駅員さんが母親にひどく怒られていましたね」

あやめさんが笑う。

世界の舞台を夢に見て

「夏休みは、ずっと東京にいました」

あやめさんの十代はバレエとともにあった。

「中学二年のとき、父が心不全で亡くなりました。突然でした。その十日後、私は牧阿佐美バレエ団の東京公演に出ているんです。

舞台に立っているときに親が死んでも気にするな、とずっと教えられていましたから、それが当たり前だと思っていました」

あやめさんが通った橘バレエ学校は、一九五〇（昭和二十五）年、東京都港区芝で初代校長・橘秋子さんにより創立された。学校の沿革を見ると、橘秋子さんは「一九三〇（同五）年、白系ロシア人のエリアナ・パヴロワに学ぶ」とある。さらに調べてみると、パヴロワはロシア革命で日本に亡命し、二七年、鎌倉にスタジオを開いた、それが日本のバレエ学校第一号だという。

現在の校長は創立者の娘さんである橘秋帆さん。世間的には、牧阿佐美さんの名前の方が広く知られているだろう。五六（同三十一）年、母・秋子、娘・秋帆、ふたりを中心に結成したのが、いまも有名な〈牧阿佐美バレエ団〉だ。後に女優として活躍する草刈民代さんも、牧阿佐美バレエ団の舞台で主役を演じ、世界に羽ばたいたひとりだ。

いま入学の要項を見ると、予科が「四歳から六歳」とある。バレエを四歳から始めるのが、世界への準備だとすれば、あやめさんのお母さんはそうした認識を持って、我が子を導いていたのだろう。母は、あやめさんが世界で活躍する姿を思い描き、支援と協力を惜しまなかった。

「バレエをやっていると母親の機嫌がよかったので、自分でも『バレエが好きだ』と思い込んでいました」

バレエ学校のレッスン費、毎週の上京費用、夏休みの宿泊費、滞在費のほか、舞台に出るときには衣装代などかなり高額な準備費用がかかる。これらを母親はすべて調達してくれた。

父親が急死してからは、経済環境も変わったはずだが、世界を目指す母子の方針に変わりはなかった。母は生命保険会社に勤め、成績優秀なセールスレディになったという。

「母は一生懸命なわりに、甘い物を我慢する私の前で平気でチョコレートパフェを食べる人でした。私に、何になってほしかったんだろう。よくわかりません……」

バレエ少女が目指す先は、例えばローザンヌのコンクール。あやめさんも当然、課題のコンテンポラリーダンスや創作ダンスの練習に明け暮れた。

西洋と和の融合の担い手

新潟市内の中学を卒業したあやめさんは、東京にある日本音楽高等学校バレエコースに進学した。卒業後は、当然のようにバレエ団に所属した。ユニセフ（国連児童基金）が後援するニューヨーク公演にも、ダブル・キャストで参加し、ステージに立った。

「金森君とも、そのころ一時期、同じバレエ団にいました。お友だち仲間。空港に見送りに行ったこともあります」

あやめさんは思いがけない名前を挙げた。りゅーとぴあ（新潟市民芸術文化会館）舞踊部門芸術監督を務める金森穣さんのことだ。

昨年十一月、りゅーとぴあで市山流の宗家・市山七十世《なそよ》（現七十郎《なそろう》）さんと金森さんの対談が催された。当然大きな違いのあるコンテンポラリーダンスと日本舞踊。だが、究極を求めるふたりの対談は、何か相通ずる踊り手の魂のようなものを強く感じさせた。それは誰より当の二人が直感したようで、途中の休憩時間、控室では金森さんが日本舞踊の足さばきや所作を熱心に尋ね、市山のお師匠さんが実演して見せるなど、ステージ以上に熱のこもった邂逅《かいこう》があったと、後で聞いた。

そんなふたりの対談を、最も感慨深く聞いたのは、あやめさんだったかもしれない。

「話を聞いて面白かったですね。(西洋のダンスも日本舞踊も)どっちもわかりますから」

〈化学反応〉と、しばしば表現される。ステージの上で、日本舞踊とダンスとの交流があり、さらに客席からはその〈触媒〉とも言えるあやめさんが熱い視線を送っていた。新潟の、侮れない奥深さをつくづく感じる一例だ。

あやめさんの青春に話を戻そう。十八歳から十九歳に向かう日々。バレエ団に入って半年が過ぎるころ、ふと現実に気がついた。

「高校を出て団員になったら海外に出て、プロとして生計を立てられると思っていました。ところが、そうではありませんでした。仕事ではなく、習い事にしかならない。それ以上、母親に負担をかけるわけにはいきませんでした」

あやめさんは、自分の決意を母親に伝えた。

「バレエはやめます。やめる以上もう一切やめて、関わりません」

まず、はっきりと母親をあきらめさせた。

新潟に戻り、仕事の関係で母が知り合った福豆世さんと会い、食事をご一緒する機会があった。

それが、新たな人生を決める、大きな転機になった……。

あえて手間のかかる方を選ぶ

「柳都さんに面接に行ったら？」

あやめさんは、初対面の福豆世姐《ふくとよねえ》さんに勧められた。

高校を卒業し、バレエ団を半年でやめて故郷に戻ってきた、十九歳の冬のことだった。

西洋のバレエから日本舞踊への転進は、それこそ〈青天の霹靂《へきれき》〉そのものだが、あやめさんは前向きに感じた。

（踊りを習えて、お給料がもらえる！　芸者さんというのは、つまり接客業ね？）

そう受けとめた。何より、団員になっても月謝を払い、〈習い事〉の延長だとわかった葛藤が、見事に解消される環境のようだった。

自分をバレエの世界で羽ばたかせるため、母親がかなりの無理を厭《いと》わず資金援助してくれていたのはさすがに高校生になったころから察していた。海外公演などはそれ自体に費用がかかる上、主要な役に就くバレリーナの父母はバレエ団に対して一定の寄付をすることも暗黙の了解になっているようだった。

（これ以上、母親に無理をさせられない）

きっぱりとバレエに別れを告げたのは、そんな気持ちが強かったからだ。柳都振興に入れば、踊りを習いながら仕事ができる。願ってもない仕事だと思った。

バレエから日本舞踊へ。180度転進して芸妓の道に入ったあやめさん（撮影・大杉隼平）

すぐ面接に行き、翌年の三月に入社が決まった。同期は先に一人決まっていて、三月にはお座敷に出ていた。あやめさんは五月十二日に「おひろ芽」をし、芸妓の道を歩み始めた。

「母親には、柳都に入ったら一切関わらないでと、それだけ念を押しました」

フリフリした衣装から、艶《あで》やかな着物への百八十度の転進。それは、母親からの自立でもあった。

「日本舞踊って、日本人のいい文化、古き良き心情が残っていますよね。便利な時代だけど、あえて手間のかかる方が選ぶ。面倒くさいけど、変えない。日本人として残して行かなきゃいけない〈しきたり〉を大切にするよさを私はすごく感じます」

合理性を追求する西洋のバレエで育ったからこそわかる、一見不合理なしきたりに秘められた日本の心情の美徳。

あやめさんは、柳都振興の新しい社風のおかげで、結婚後も芸妓の仕事を続け、三人のお子さんに恵まれた。つい最近、新居も手に入れた。母親からの自立はすっかり成就した。でも、

「柳都に入るきっかけは母にもらったんです」

あやめさんが笑った。

買い物に付き合ったつもりが

いま柳都振興の支配人を務める棚橋幸《みゆき》さんは、かつて〈柳都さん〉の三期生としてお座敷で活躍した芸妓さんだった。

「高校を卒業して、ゴルフ場のレストラン部に就職しました。四シーズン働いたのですが、十二月になると雪でゴルフ場がクローズになります。三月末まで仕事ができない。それで、次の当てもなく、十二月の初めに会社をやめたのです」

やりたいことがあったわけではない。会社をやめて、ぼんやり家で過ごしていると、母・豊島春美さんに、「買い物に付き合って」と誘われた。乗り気ではなかったが、

「買い物ならいいかと思って母と一緒に出かけたのです。そしたら、行った先が柳都振興の事務所でした」

柳都振興の新人採用を担当している石川寛さんがいる新潟交通企画部だった。後でわかったことだが、それはもう、予《あらかじ》め母親と石川さんの間で相談の済んでいた〈面接〉そのものだった。

「芸者さんという仕事が新潟にあることも頭にありませんでしたし、漠然と〈夜の仕事〉というイメージでしたから、母は何を考えているんだろうと」

棚橋さんが呆《あき》れた顔で言う。だが、母親は真剣だった。

芸妓の着付けを務めている棚橋幸さん＝2018年4月、新潟市の三業会館

「母のお姉さんが芸者さんだったという話は聞いたことがありました。すごく器量がよかったと。古町に百人以上も芸者さんがいた時代の話です。母はお姉さんにずっと憧れていて、自分も芸者さんになりたかったようです」

ところが、「お前は器量がよくないからなれない」、誰かに言われて落胆し、芸者さんの夢をあきらめた。胸の奥にずっと携え続けていた夢を、母・春美さんは娘の幸さんに託したのだ。

面接に来たつもりはないのに、話の展開はどんどんそちらの方に進む。

「石川さんに乗せられたというか、明日から来なさいとなって、することもないし、どうしても敬遠する気もないから、行ってみようかなと」

翌日、三業会館に支配人（当時）の田中喜美《きみ》さんを訪ねた。

先輩芸妓さんたちが、和服に着替え、白塗りのお化粧をして、お座敷に出る支度をしていた。

それまで見たこともない光景が目の前で展開されていた。

「田中の〈お母さん〉は、もう来るものだという前提で、『じゃあ明日は何時に来なさい』と」

それが十二月の半ばころだった。

わずかひと月半で〈おひろ芽〉

古町花柳界も師走は忙しい。ちょうどその時期に、棚橋幸《みゆき》さんは柳都振興に採用され、右も左もわからない、日本舞踊の経験もまったくない中で芸妓の道を歩み始めた。

「名前は母と一緒に考えました。先に〈まこと〉と決めて、字は後からでした」

母の思いに押され、〈麻琴〉になった。

宴会の多い季節、見習い同然の幸さんも、和服姿、普通の髪と薄化粧でお座敷の手伝いに出た。当時の古町には、石油関係のお客様が多かった。棚橋さん（当時は豊島さん）が勤めていたゴルフ場も同じ系列だから、顔なじみのお客様にすぐ出会った。

「豊ちゃん、ここで何してるの！」

お客さんが驚いて声を上げる。事情を話すと一様に歓迎し、「がんばってね」と応援してくれた。

「何も知らずに入ったわりには、〈おひろ芽〉の前から、知っているお客さんがいっぱいいいた。それは恵まれていましたね」

未知で遠い世界だと思っていた古町花柳界が、実は案外、前の仕事と通じるところがあった。思いがけない気安さを感じた。

手ぬぐいを使って日本海の波を表現する「新潟おけさ」の踊り

「踊りはとにかく必死で覚えました。師匠は先代の七十郎《なそろう》さんでした。最初は『新潟甚句』から教えてもらって、それから『十日町小唄』『三階節』『新潟おけさ』ばかり……。まだ一期生も含めて踊れる演目が少なかったので、ずっと『新潟おけさ』ばかり踊っていた印象があります。あのころは、できなくてもさせられました。柳都振興に入ってひと月半くらいでおひろ芽でした」

柳都振興が発足して三年目。古町に久々に誕生した振袖さんへの期待は大きかったが、まだすっかり軌道に乗ったとは言えない不安定な時期。一期生の十人は、棚橋さんが入ったときには半数近くがやめていた。二期生の二人、同期で入った一人と合わせ、ちょうど十人くらいの陣容だった。

踊りもお座敷での振る舞いも習い始めてわずか一カ月半の棚橋さんにも〈即戦力〉の活躍が求められた。

「おひろ芽のとき、ご祝儀をいただいて驚きました。お給料と別にこの〈心付け〉は自分でいただける決まりです。それまで一カ月働いてようやくもらえた額が、たったひと晩でいただけた。もちろんおひろ芽だからですが、やっぱり戸惑いました。どうしても、勘違いする時期もあります。だけどそんなときは、お姐《ねえ》さん方に見抜かれているんですね。ガツンと怒られて、自分を取り戻しました」

喜美さんの跡を継ぐ役目

棚橋幸《みゆき》さんの現役時代を、当時、柳都振興社長だった中野進さんが振り返る。

「売れっ子でしたよ。ファンのお客さんたちが『守る会』を作ってくれたくらい、人気がありました」

〈麻琴《まこと》さん〉こと棚橋さんは、新生・柳都を担う振袖さんのひとりになった。ところが、わずか一年で古町花柳界を離れる。入社前から交際していたご主人との結婚が理由だった。交際中に「芸妓《げいぎ》になる」と打ち明けたとき、ご主人は、

「えーっ、すごいねえ！」

と驚き、応援してくれた。広告代理店に勤めていた関係で花柳界のことはよく知っていた。古町芸妓は格式が高く、一目置かれる存在だと理解していた。交際中、会える時間は深夜と日曜だけになった。ちょうど一年が経《た》ったとき、幸さんは主婦になる決意をした。

「お座敷に未練がなかったというと、うそになります。また戻りたい気持ちもありました。でも芸妓の仕事を続ければ、主人とすれ違いの生活になります。自分にはきっと無理だろうなと思って、柳都をやめました」

思いがけずに飛び込んだ花柳界は、わずか一年で〈離れがたい〉場所になっていた。

白塗りの化粧を手伝い、支度を整える棚橋さん（左）＝撮影・大杉隼平

まもなく長男を授かった。主婦として母としての生活が始まった。意外な変化が起こったのは、結婚してから三年目くらい、ふたりめの男の子が生まれたころだった。

「お祭りになると子どもを連れて実家に顔を出すみたいに、子どもを連れて柳都に遊びに来ていたんです。そしたら、田中のお母さんに、『いついつ忙しいから、ちょっとアンタ、手伝いに来て』と頼まれたのです」

言われるまま手伝うようになり、長男が保育園に上がるころには週二、三日の〈勤務〉になった。お座敷前の午後三時、四時が忙しい。もう子どもが保育園から戻った後だ。幸さんは保育園に迎えに行き、柳都で子守をしながら〈田中のお母さん〉の仕事を手伝った。

「当時は他にふたり手伝っておられましたが、もうご高齢でした。『おやめになったら、柳都はどうなるんだ？　お座敷は大丈夫か？』と気が気でなくなって……」

気がつくと幸さんは、支配人であり〈柳都さん〉たちの母親役である田中喜美《きみ》さんを支える大切な存在になっていた。そのころは、柳都さんのお姉さん役。月日が流れ、長男は二十六歳、二男が二十四歳、三男がまもなく二十歳になる。幸さんはいま、喜美さんの遺志を継ぎ、二代目の〈お母さん〉になった。

〈お母さん〉の最も空しい瞬間

うれしい日もあれば、空《むな》しい日もある。そうした一喜一憂はどの分野に生きる者でも、それぞれあることだろう。

古町芸妓のお母さん役を務める棚橋幸《みゆき》さんにとって、最も辛《つら》い瞬間のひとつは、

〈相談があるんですけど〉

事務所でそっと、芸妓さんに呼び止められるときだという。

「雰囲気でだいたいわかりますよね」

棚橋さんが顔を曇らせた。

切ない気持ちで肩が落ちるのは、せっかく縁あって柳都振興株式会社に入り、この道を歩んでいる芸妓さんが「やめたい」と打ち明けてくることだ。

「もう引き留めても無理だろうなと思う子には、それほど説得はしません」

長く勤める芸妓さんもいれば、短い間でやめてしまう芸妓さんもいる。

肌が合わない、毎日の稽古やお座敷が自分には向かない、荷が重いと感じたら、そんな気持ちを携えたままずっと続けられる仕事ではない。

以前紹介した福豆世姐さんは、そんな悩みを抱えながら十五年前後の歳月を重ねたというが、乗り越えられたのは、時代のおかげだったかもしれないし、三十歳という年齢を迎えて開花する、三味線という才能にどこかで導かれていたからかもし

お披露目に臨んだ新人4人。長く勤めてほしいと周囲は願う＝2018年5月、新潟市の三業会館

れない。

いまは職業を選ぶ自由度が高く、選択肢も広い。ひとつの仕事をやめても、それほど切羽詰まった思いをしなくても、次の道を探すことができる。

「中にはね、みんなで一生懸命引き留めることもあります。『わかった、じゃあ、〈新潟をどり〉まで』とか、『今年いっぱい』とか言いながら、五年くらい先延ばしにした子もいます。その子は、和裁の勉強がしたかったんです。お母さんも着物を縫う仕事をしている。その夢ももちろん叶《かな》えてあげたい。いよいよ専門学校に入る年齢制限というか、もうこれ以上は延ばせない年になって、送り出しました」

彼女は、いまも京都から高速バスに乗って、市山七十郎《なそろう》師匠のところに踊りの稽古に通っている。

どんな形になるかはまだわからないが、彼女の場合は、

「いずれまた柳都に戻ってきてくれると思っています」

結婚を機に柳都振興を離れる芸妓さんたちも多い。寿《ことぶき》退社の場合はまだ、送り出す方の気持ちの整理もつきやすいが、それでも、大切な芸妓さんを失う辛さは同じだ。

伝説のポスターを飾った二人

二人の古町芸妓さんが主役を飾る〈伝説のポスター〉がある。

「貼っても貼ってもなくなるといってさ、人気があったんだよ」。早福岩男さんが目を細めて笑う。

それは、『来なれて、新潟』のコピーが躍る、JR東日本製作の観光誘致ポスターだ。

穏やかな笑顔で呼びかけるのは、春花さんとあおいさん。柳都振興に入ったのが一年違いの二人はそのころ、古町花街の人気を二分していた。

ひとつ先輩の春花さんは、物静かで穏やかな印象の女性。伝統的な和風美人だ。

「黙って座っているだけでも人気の取れる芸妓さんでしたね」（柳都振興の棚橋幸支配人）

〈妹〉のあおいさんは、明るくチャキチャキした気風のよさでお座敷を盛り上げる。どちらかといえば現代的で、華やかな美人。

対照的な二人だから、古町花街の充実ぶりがいっそう際立った。贔屓《ひいき》筋にはもちろん、それぞれが愛され、歓迎された。

二人はここ三、四年で、いずれも新しい未知を選び、歩き始めた。春花さんは結婚し、芸妓を引退した。

お座敷で踊る春花さん（右）とあおいさん。当時は古町花街の人気を二分した＝2013年

惜しむ声が多かった。

「結婚しても芸妓さんは続けてほしい！」

悲鳴のように声も多数あったが、嫁ぎ先が「佐渡」と聞いては、誰もが言葉をのみ込むしかなかった。毎晩、お座敷を務めた後、帰れる交通手段がない……。

いまでも〈春花ロス〉を語る古町花街の顧客たちは多い。「日本舞踊の筋がいい」との評価も高く、市山流の大事な継承者のひとりとして、彼女を惜しむ声もあった。

一方、あおいさんは、いまも古町芸妓の代表格として活躍を続けている。ただし、もう〈柳都さん〉ではない。二〇一五（平成二十七）年四月、柳都振興から独立し、自ら置屋・津のを開いて〈一本立ち〉したのだ。

テレビ局に所属していた人気アナウンサーが会社を辞めフリーになるようなもの、と言えばいいだろうか。給料制ではないから、自分の働きがそのまま収入になる。その代わり、休めば保障はない。柳都振興では充実していた健康保険や年金などの社会保障もなく、すべて自分で管理する立場になった。あえて厳しい道を選んだともいえるだろう。

柳都振興にとっても、育てた芸妓さんの独立は初めての経験だったが、あおいさんの実績と覚悟の確かさを受け入れ、独立を応援した。

自分でない他者になりきる

惜しまれて芸妓を引退した春花さんは佐渡に嫁ぎ、三年くらいは日本舞踊からも一切離れていた。

「柳都振興をやめたら、踊りもやめなければいけないと思い込んでいたのです」

春花さんこと市山七十春嘉《なそはるか》さんが話してくれた。結婚後しばらく経《た》ってから踊りのお稽古を再開した七十春嘉さんは〈名取り〉になり、今年二月に行われた市山七十郎《なそろう》襲名公演の〈市山会〉にも出演した。そのお稽古のとき、私は幸運にもお会いすることができた。

「結婚してしばらく経ったころ、踊れなくなったことがすごく寂しくて、覚悟はしていたのですが……、〈踊りたいなあ〉という気持ちが強く出てきたのです」

物静かな語り口で、ひと言ひと言、かみしめるように話してくれた。「踊りが好きだ」という熱い思いが、静かな表情の奥からにじみ出て見えた。

「踊りから離れていると、踊っていない自分が本当の自分ではないような感覚に陥りました……」

七十春嘉さんは、静かな表情で、しかし、こちらがハッと胸を衝《つ》かれる〈核心的な気持ち〉を話してくれた。

「市山流の踊りは、その演目の役になりきることが大切だと教えられています。それは、普段の自分とは違う自分。普通の生活にはない他の者になる、他の者を表現することです。それを表現することが、私はすごく好きだったんだと、踊りをやめてから気がついたのです」

激しい感情など持ち合わせていないように見える七十春嘉さんが、すぐ目の前で、実は一般の人間はなかなか気づかない、自分の中に眠る本質に気づき、内面を表現する日本舞踊の心地良さを切々と語る……。

「踊りの動作の中で、自分の中に持っている感情を身体で表すことが好きでした……。毎日の生活からそれがなくなって、踊りで表現していた自分を表現する機会がなくなった」

踊りを日常から失って初めて、他者という役柄を借りて、実は自分自身の内側に潜む様々な感情を体現していたのだと気がついた。

加えて、踊りを通して身につけた所作やその凛々《りり》しさに包まれる時間もすっかり失った。

「古町にいたころは毎日着物を着て、日常の所作がきちんとしていました。それが私の中ではすごく心地よかった。今は踊りのときしか着ませんが、私服姿になると、今までの自分に戻れる気がします」

最後の稽古で渡されたテープ

四年前、柳都振興をやめるとき、これが最後と諦めてお稽古に行った。その日の出来事を市山七十春嘉《なそはるか》さんは一生忘れないだろう。

「結婚を決めて、もう踊りもできないと思って私はお稽古場で泣いてしまったのです。お師匠さんは『仕方ないよね』と言って、送り出してくださいました……」

その日、市山七十世《なそよ》（現七十郎《なそろう》）師匠が、

「じゃあ次、お稽古に来るときは、この曲の続きをやるからね」

そう言って、最後のお稽古にもかかわらず新しい演目の稽古にかかった。

「《笠森お仙》という、とても素敵《すてき》な女踊りです」

これが最後、もう二度と踊れないのに……。お師匠さんは稽古の最後に《笠森お仙》のテープまで渡してくれた。

「すごくうれしかった。これでスッパリ縁が切れてしまうのは寂しいと思っていましたから。お師匠さんは『そうじゃない』と思ってくださっているのかなあと」

高校時代はハンドボール部だった。踊りの経験はない。柳都振興に入って、踊りだけでなく、礼儀や作法を一から教えてくれたのが市山のお師匠さんだった。

踊りは勝負ではない。点数が決まるわけでもない。それまでの価値観や発想になかった〈深さを求める境地〉を教えてくれたのは日本舞踊であり、市山のお師匠さ

柳都振興を退社し、芸妓を引退した年の春花さん。最後まで華やかに古町を盛り上げた＝２０１３年７月

んだった。

「私の知らなかった世界を教えてくださった。市山のお師匠さんに踊りを教えていただいたからこそ、私は日本の伝統文化の素晴らしさも好きになったのだと思います」

粋な計らいをしたお師匠さんは言う。

「たぶん戻ってくるなと感じていました。だから、『あれ、やりかけだよ、最後までやんなきゃね』という意味で渡したんです」

結婚してしばらく、テープは深くに仕舞《しま》って聴こうとしなかった。三年経《た》って、どうしてもまた踊りたいと決意したとき、そのテープを携えて稽古場を訪ねた。何事もなかったかのように、お師匠さんは《笠森お仙》の続きから稽古をつけてくれた……。

「いまは主人も家族も私を理解して、応援してくれています。そのおかげで佐渡から稽古に通うことができて感謝しています」

将来の夢は？　尋ねるとこう話してくれた。

「ずっと踊り続けたい。そして、色んな方に市山流を身近に感じていただきたいです」

話し方の癖を直す

支配人の棚橋幸《みゆき》さんとともに、芸妓さんの着付けやお化粧を手伝っている本間久美子さんは、柳都振興の九期生。美月《みづき》の名でお座敷に出ていた先輩の一人だ。

「高校時代はダンス部。歌ったり踊ったりするのが好きでした。でも私は手足が短い。ダンスを踊ると見劣りするのです」

自分の体形でも見栄えのする踊り方はないか。題材を探る中で、「民謡をダンスにしてみよう」と思い立った。研究のため、日本舞踊の舞台をよく見に行った。次第に、「和の踊りって面白いなあ」と感じるようになった。図書館で、《新潟芸妓の世界》という本を見つけた。少し前の時代の芸妓さんたちの白黒写真が並んでいた。その写真に心を奪われた。本文を読み進めるに従って、いよいよ古町芸妓の世界に引き込まれた。

「京都の舞妓《まいこ》さんは、遠い世界に思っていました。新潟にも芸妓さんがいると知って、すごく身近に感じました。しかもいまでは会社組織になっている……」

そんなある日、新潟日報に全面広告が載っていた。美しい芸妓さんの写真に「振袖さんに　なりませんか」というコピー。目が釘《くぎ》付けになった。本間さんは「これだ！」と感じた。高校三年の終わり頃、他の進路を考えていたが、「これが入りたい世界だ」と気づいて、柳都振興の門を叩《たた》いた。

新潟日報事業社刊「新潟芸妓の世界」（平山敏雄編著）の写真ページ

「毎日お稽古していられる。好きなことを通して、よりたくさんの人と話すことができる」

無事に採用が認められ、お座敷に出ると、お客様との会話が思った以上に難しかった。

「それまでは、同じ世代の友だちとばかり話していた。それが急に大人の世界に入って父親より年上のお客様とばかり話す生活。必死すぎて、すごく思い悩みました」

接客の難しさ。話題や知識を勉強することも大事だが、それ以上に、お座敷での間合いや呼吸が、最初はまったくわからなかった。

「退屈させてはいけない。だけど喋《しゃべ》りすぎると、『うるさい子だ』と嫌われる。お客様同士の会話の流れによっては、いるんだけどいないようにしなければいけないときもある……」

あるとき、〈美月さん〉はお姐《ねえ》さんから、話し方の癖について指摘を受けた。

「あんたは話の端々に『でも』をつける。それは相手を否定すること」と言われた。理解するのに少し時間が必要だった。やがて、なるほどそうなんだとわかった。

「そうなんですねえと、相手の言葉をまず受け止める」、すると確かに会話が変わった。

花柳界の厳しい試練

「〈おひろ芽〉の前に、白粉《おしろい》が乗らなくて、顔が腫れて二重瞼《まぶた》が一重になりました」

いま〈柳都さん〉のお姉さん役として日々の着付けやお化粧を手伝う本間久美子さんが、芸妓さんの人知れぬ苦労を教えてくれた。本間さんが美月《みづき》の名でお座敷にデビューしたときの苦い思い出だ。化粧ノリを良くするため、顔全体に剃刀《かみそり》を当てた。剃刀負けで肌が腫れる新人が時々いるという。

「お座敷に出たら、お姐《ねえ》さんに『にくげな子らて』といわれた。すごくショックでした」

次の日から、お座敷の現実、いわば花柳界の洗礼を受ける。

「同期に小さくて可愛《かわい》い子がいました。彼女はすぐに売れて、毎日お座敷がかかります。私は荒れた顔がなかなか治りませんでした」

出だしでつまずいた美月さんの振袖時代は厳しい日々となった。

花柳界には「香盤表」と呼ばれる一覧表がある。誰がいつどのお座敷に出るか、その手配が一目でわかる表だ。売れっ子から順番に余白が埋まっていく。お客様の評価、芸妓としての人気が香盤表を見れば一目瞭然。ある意味、残酷な通信簿でもある。

「一、二年は苦戦しました」

古町芸妓の着物、帯が収納された棚を整理する本間久美子さん＝２０１８年４月、新潟市の三業会館

美月さんこと本間さんが振り返る。今だから、そんな話を淡々とできるのだろう。そのときの気持ちを推し量れば、若く小さな胸の中はきっと潰《つぶ》れそうなほど辛《つら》かったのではないか。本間さんは芸妓さんに憧れ、夢を抱いて門を叩《たた》いた。ところが、自分はあまり歓迎されなかった……。

「その間も、一生懸命お稽古したのがよかったんですね。空《あ》いている時間はとにかく稽古しました。三味線、踊り。時間を無駄にしない。私には愚痴を言ったり、テレビを見てゲラゲラ笑ったりしている暇はない、そう思って過ごしていました」

努力は報われる。美月さんの姿勢を見逃さず、認めてくれるお姐さんから声をかけてもらった。

「美っちゃん、一生懸命稽古してるね。待ってなよ」

花柳界では、お座敷ごとに担当のお姐さんが幹事役のような役を務める。自分のお座敷を円滑に進め、お客様に喜んでいただけるよう人材を組織する。その戦力になると認められれば、お姐さんからお座敷に呼んでもらえる。そのとき、「この曲は踊れる?」と訊《き》かれて「踊れません」では役に立たない。

「踊れます!　と言えれば『じゃ、お願い』と言ってもらえます。だから私はもう、踊りのお稽古にかじりついていました」

古町芸妓さんの結婚事情

昔から、古町の芸妓さんの恋愛そして結婚の形は様々だった。

現在のように、結婚して芸妓を続ける例は過去にはほとんどなかった。これは柳都振興ができ、近代的な人権主義、社会保障の制度を取りいれてからの新しい流れだ。

それ以前は、芸妓さんの結婚はそのまま引退を意味した。子宝に恵まれ、出産後もお座敷に出る場合には、結婚という形を取らない場合がほとんどだった。いまでいうシングルマザーのパイオニア。

お座敷の忙しい母親（芸妓さん）に代わって、乳呑《ちの》み子をそして幼な子を面倒みるのは置屋のお母さんたちの役目だった。

名士や有力者に嫁ぐ芸妓も少なくなかった。銀行の頭取夫人になった芸妓さんもいるという。東京の大きな会社の社長夫人、有名なお店の女将《おかみ》さんになった芸妓さんの逸話も伝えられている。

いずれにも共通するのは、芸妓時代に身につけた品格、礼儀や物腰、いい意味での気位や人当たりが、新たな立場に生かされたことだろう。

江戸時代までさかのぼって、ひとりの芸妓さんの逸話を紹介しよう。一九三三（昭和八）年に出版された『新潟古老雑話』（鏡淵九六郎編）に、伝説の名妓と謳《うた》われ

柳都振興の芸妓さん。身につけた品格や礼儀にひかれる人が多い＝2016年、新潟市中央区

る〈お今さん〉の話が書かれている。

『古町通九番町六軒小路上角の島三の先代は、島本屋という芸者屋であったが、その家にお今という新潟一の美人と噂《うわさ》された女がいた。（中略）しかしお今は貞淑の女で、中条町の勘助というものに落籍されてから質素となり、竹カゴをになって新発田の市場へ行くなど、新潟一流の芸者であった女としては感心なものだといわれた』（現代仮名遣いに改編）

対照的に、富豪に見初められたのにわざと嫌われて船頭さんと逃避行し、不幸な末路をたどった美貌の芸妓の話なども綴《つづ》られている。

平成に入ってから、〈柳都さん〉の何割かが結婚を機にお座敷を離れた。

やがて、あやめさんが先駆けを作り、結婚、出産、休んだあと復帰して芸妓を続ける道が整った。

いま古町芸妓にとって「結婚か引退か」は二者択一の〈究極の選択〉ではなくなった。

結婚し、出産・子育てと芸妓人生を共存させられる。芸を磨き、修行を続け、お座敷でお客様を伝統文化の時空間に誘う仕事が、ご主人と家族の理解があれば両立できるようになった。

高校時代に挫折があった

〈あおい〉さんは、「高校時代に大きな挫折を経験した」という。

小学校のころ、お母さんに勧められ、ＪＲＡ（日本中央競馬会）が主宰する乗馬クラブに入った。そこですっかり馬が好きになった。「乗馬部のある高校に行きたい」と言って母親を困らせるほど、乗馬はあおいさんの心を大きく占めるものになった。

「馬に乗るのも、馬の世話をするのも、とにかく馬という生き物が好きになったのです」

ところが、高校一年の途中からしばしば体調を崩すようになった。熱が出る、咳《せき》ができる、年に四回も肺炎を起こした。その原因が、馬と接して起こるアレルギー症状だとわかった。

（大好きな馬に近づくことができない）

それは、あおいさんにとって胸の中にぽっかりと穴が開く、辛《つら》い現実だった。

「一生、乗馬に関わる仕事をしようと決めていました。厩務員《きゅうむいん》さんとか、牧場で働くとか、その夢が……」

叶《かな》わない幻となった。

それからしばらく経《た》ったある日、お母さんに誘われて、日本舞踊の公演を見に行った。芸妓さんはみな綺麗《きれい》で、その華やかさに圧倒された。中でも、いまもはっき

日本舞踊・市山流の稽古場で踊るあおいさん（撮影・大杉隼平）

りと覚えている衝撃的な出来事があったのだという。

「ベテランの芸妓さんが舞台で踊っていらした。綺麗だなあと見惚《みと》れていたら、隣に座っていた見知らぬおばあさんが、この人は明らかにご高齢の方だったのですが、舞台を指差して、『あの人、私の同級生なんですよ』と、うれしそうにおっしゃったのです。

えっ！　私はびっくりして、思わず舞台と隣のご婦人を見比べました。とても同い年には見えません。まだ美魔女という言葉もない時代です。いったい、どうしたらあれほど若くいられるのだろう、芸妓さんは何を食べているのだろう？　本当に信じられませんでした」

新潟に芸妓さんがいる、古町花柳界という存在に気づかされたのは、それがきっかけかもしれない。時期の前後ははっきりしないが、たぶんそれからまもなく、

「春花さんが古町の芸妓さんになるんだって」

と、お母さんから聞かされた。母親同士が友人だった関係で、ひとつ年上の春花さんと中学時代に会ったことがある。

そのときはまさか、自分も後を追うように柳都振興の門を叩《たた》き、花柳界に入るとは思わなかった。

馬に近づけなくなって、あおいさんの未来展望は白紙になった。

「乗馬のほかに好きだったのは、考古学くらいでした。映画『インディ・ジョーンズ』の影響なんですが、考古学を勉強しても、貧乏研究員くらいしか道が見えません（笑い）」

奨学金のこともいろいろ調べたが、奨学金をもらうと若くして借金を背負うようなものでけっこう大変だと、周囲から聞かされた。

「通っていたのが新潟中央高校だったので、友だちはだいたいみんな進学です。私は、やりたいことがはっきりしないのに進学するのは嫌でした。早く自立したかったので、働こうと決めました」

行動的なあおいさんのことだから、就職先の情報もエネルギッシュにいろいろ調べたに違いない。あおいさんが笑う。

「見つけた就職先の中で、いちばん面白そうで、いちばん珍しかったのが、このお仕事でした」

いちばん面白そうで珍しい仕事

日本舞踊の経験はなかった。小学生のころ、夏のお祭りのときだけ踊った経験がある。それは楽しい思い出だった。

「会社組織になっていると聞いて、それはいいなと思いました。芸者さんはいいけ

古町芸妓のお披露式で、会場を回ってあいさつするあおいさん（右）＝2005年4月

ど、置屋？ 住み込みは辛《つら》いな、と心配でしたから。初任給も、『えっ、そんなにいただけるんですか』という感じで」

ためらう理由はなかった。

高二のときにはもう進路を「柳都振興」と決めていた。

「本当に、柳都振興という会社を作ってくださっていた新潟の財界のみなさんに感謝です。お姐《ねえ》さん方もずっと新しい振袖さんが出ないから『新しい仕組みを作った方がいい』と、ずいぶん働きかけてくれたそうです。みなさんの力がなければ私はここにいません。いくらお礼を言っても足りないくらいです」

柳都振興は前年の春花さんに続いて、後に柳都振興の一番二番を競うことになる「二枚看板として古町花街を活気付ける人材」を迎えることができた。

厳しい世界とは聞かされていたが、あおいさんにはほとんど違和感はなかった。

「花柳界も案外体育会的です。乗馬でも上下関係は厳しかったので、それに比べたら全然。戸惑ったといえば、『案外朝が早いのね』とか、『お化粧、難しいなあ。なんだ、変な顔』とか、『そうか、稽古ってあるのか』みたいな。入るまで、踊りや三味線の稽古も仕事の内だという認識がなくて、入ってからひとつひとつ実感していった感じです」

入った当初、芸妓さんの仕事は「お座敷で踊りを披露し、お客様にお酌をし会話を交わし、喜んでいただくもの」と、大抵の芸妓さんは考えてお座敷に出る。次第に、もっと目に見えない、単純に語りきれない役割を担っているのだと、気づくようになる。あおいさんが言う。

「古町花柳界でいちばん大切なことのひとつは、〈口が堅いこと〉です」

ひとつ質問すれば、速射砲の勢いで面白い話をしてくれるあおいさんの言葉だからなお、重みを感じる。たくさん喋《しゃべ》るけれど、大事なこと、話すべきでないことは話さない。

知られざる古町芸妓の孤高

それほど花柳界のお座敷では〈すごく大切なこと〉が語られている場合もあるという現実だ。

たとえば、「最近、誰が来ていて、誰が来ていないか」という情報が、ある人にとっては大きな意味を持つ場合もある。

「あのしょ（あの人）最近元気らか、お座敷来てるか？　と聞かれて、何も知らないころは『はい、この前も見えなったですて』なんて、ついうっかり喋ってしまいます」

商売敵にすれば、たったそれだけの事実から多くが読み取れる場合もある。もし

イベントでお手前を披露するあおいさん＝２０１５年９月、新潟市中央区の旧花岡邸

その一言で大切なお客さんを窮地に追い込んだら責任重大だ。気さくな会話の中にも細心の注意を払う、もちろん、そんな意識はおくびにも出さずに。そんな芸当が軽やかにできるようになったからこそ、あおいさんは古町花街で当代一の人気と信頼を得ているのだ。

「ある社長さんから、従業員とその家族の数を合わせたら何万人になるか、みんなが安心して暮らすのにどれだけ売り上げが必要かといった話を聞かせてもらったことがあります。私は社員ではありませんが、時にはその会社の命運を左右するような商談・接待の場にご一緒させていただくわけです」

大事な会話が始まれば、自分はまるでその場に存在しないかの雰囲気でそこに座り、杯を勧める。早いときには数日中に、時には数カ月後に、そのお座敷の成否がわかる場合もある。

大きなニュースとなって、新聞紙上を賑《にぎ》わすからだ。

「その新聞記事を、私はひとりニヤニヤしながら眺めるわけです」

古町芸妓には、そんな密《ひそ》かな喜び、やりがいもある。

そういうお座敷を任されることが、花柳界で着実に成長し、評価を受ける証しでもある。ただ着飾り、美と華を振りまくだけでない深みがそこにある。

普段の〈あおいさん〉は明るくて闊達《かったつ》、どことなく姉御肌で、「色気より食い気らて」などと予防線を張る姿が頭に浮かぶ。だが、本当に色気がないなどとは誰も思っていない。「思っていない」とわかるから、それが冗句にもなり、さっぱりしたあおいさんの魅力につながっている。

おきゃんであっけらかんと見える〈あおい〉さんのイメージは、古町花柳界でおいさんがお客様から望まれた結果、自然に出来上がったスタイルなのかもしれない。

〈あおいさん〉を持っている

あおいさんなら、無口で陰をひきずる芸妓も演じられるだろう。その道をあおいさんは選ばなかった。いや、選ばなかったのでなく、それが自然体、顧客にとっても居心地のよい姿なのだろう。ツンと澄まして目線を高くするのではない。古町芸妓は、お客様との心の距離が近い。

「いつもは大勢で来なさるお客様が、ひとりで呼んでくださることがあります。静かにお酒を飲んで、他愛《たわい》ない話をして帰りなさる。口には出さないけれど、きっと何か悩んでなさる……。そんなとき、余計なことは言いませんが、少し吹っ切れた顔でお帰りになれば、ちょっとはお役に立てたかなと、そんなお座敷もときにはあります」

シンポジウムで登壇したあおいさん（中央）。左は越乃リュウさん＝2018年1月、新潟市の朱鷺メッセ

あおいさんの内面は、気丈に見える第一印象より遥《はる》かに繊細で、感情のひだを普通の人より多く感じられる人だと思う。

外面以上に内面は幅が広く、顧客の様々な心の状態を受け止め、対応する広さ、深さを磨いてきたのだろう。

〈あおいさんを持っている〉

新潟に生きる男にとって、いや東京に住む者であっても、それは大きな武器であり、得がたい財産だろう、そんなことを思った。

厳しい仕事の世界に生きる男性なら、行き詰まる日もある。誰にも言えない、言っても仕方がない。だがひとりで居ても落ち込むばかりで打開できない。そんなとき、信頼できる誰かがそばに居て、他愛ないつぶやきに相槌《あいづち》を打ってくれるだけで不意に光が見えることもあるだろう。そしてもちろん、大切な商談の場を華やかにかつ品格高く彩ってくれる存在がいたらどれほど心強いか。

〈芸妓と贔屓《ひいき》の客〉という関係は、恋人、愛人、夫婦、友人、いずれでもない、特別で確信的な協調関係……。

明治、大正、そして昭和の時代とも違う、芸妓と客の新しい関係が生まれているのではないか。ふとそんな気がした。

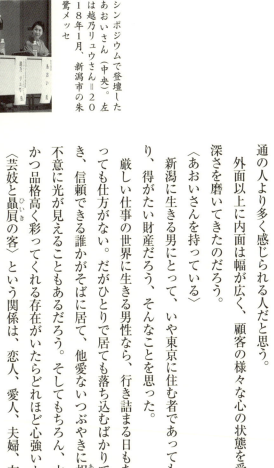

あおいさんが柳都振興に入ったとき、一年先輩に春花さんがいた。ふたりは並んでJR東日本のポスターを飾る。これが人気を呼び、「貼った先からなくなる」という伝説を生んだことはすでに書いた。

いま見ると、初々しいふたりの若さが眩《まぶ》しい。まだ白塗りのお化粧のメリハリも遠慮がちな気がする。

〈春花さん〉という目標

ほどなく春花さんは、古町花柳界で「人気ナンバーワン」の売れっ子芸妓になる。背中を追いかけるように、あおいさんも人気芸妓の階段を駆け上がった。

「負けるのは嫌いですからねえ、すっごくがんばりましたね」

あおいさんが振り返る。古町芸妓になって二、三年が過ぎたころ、連日お座敷がかかるようになり、あおいさんは古町花柳界でなくてはならない芸妓さんのひとりになった。

お座敷がかかる数は、人気を表すバロメーターと言っていいだろう。柳都振興では、その数を競わせるやり方はしていないが、芸妓さんたちにとってはもちろん気になるところではある。

あおいさんは、最も忙しい春花さんとあと少しで肩を並べる忙しさになったある日、「ナンバーワンを目指そう」と決意する。連日、複数のお座敷がかかり、お座

柳都振興所属の芸妓さんが地方デビュー。舞台上の春花さん（右）、あおいさん（右から4人目）＝2012年

敷からお座敷へ忙しく移動する日々。「お座敷がかかれば、日曜祝日でも喜んでお引き受けしました」

ライバルは春花さん。古町花柳界の関係者やお客様の誰もが「一番の売れっ子」と認める春花さんを追いかける、あおいさんの挑戦が続いた。そしてついにある月、忙しさで春花さんを抜いた。

「そうなって初めてわかったことがあります」

あおいさんが、真面目な顔で言った。芸妓さんの仲間うちでは、あおいさんが忙しさで春花さんをしのいだことが、認識されていただろう。ところが、

「お座敷に出たら、呼んでくださった方がお招きしたお客様たちに、『今日は古町の一番手、二番手が揃《そろ》って来てくれました』とおっしゃいました。一番手と紹介したのは春花さんです。そして私は二番手と。そのとき、ああそうか、と理解しました。ナンバーワンというのは、お座敷の数や忙しさじゃないんだ。周りの方々の《評価》なのだと……」

忙しさで抜いても、あおいさんはナンバーワンと呼んでもらえなかった。そこに芸妓さんの価値や役割が浮かび上がって見える。その日から、あおいさんの目指す深みが変わった。

あおいさんと春花さん、ふたり一緒にお座敷に呼ばれる機会が多かった。

ふたり揃《そろ》って呼ぶ、それは宴席の主催者がその日のゲストに「古町花柳界で最高のおもてなし」を用意したことを意味していた。そして、ふたりの花形芸妓を擁する柳都振興は、設立から二十数年を経て、ひとつ大きな成果を実らせたと言っていいだろう。

動のあおいさん、静の春花さんとでもいうのか、容姿も個性も持ち味が対照的なふたりだからなお、二輪の美しい花は互いを際立たせ、古町花街のお座敷を華やかに彩った。

ところが、やがてふたりはともに人生の転機を迎える。その選択がまた好対照だった。

柳都振興からの〈独立〉

春花さんは、すでに書いたとおり佐渡に嫁ぎ、〈古町〉を離れる道を選んだ。

あおいさんは、古町で輝き続ける人生を選びつつ、柳都振興を離れる決断をした。

「私は芸妓さんの仕事をずっと続けたいと思っていました。柳都振興に入って五、六年過ぎたころ、お姐《ねえ》さんたちから、ひとつの選択肢を教えてもらいました」

それは、〈独立〉という道だった。

「かつての芸妓さんたちは、十年間仕事を続けたら、所属する置屋さんから独立す

留め袖さんになったころのあおいさん。負けず嫌いで踊りや唄に精進した＝2012年

る自由が与えられていたそうです。柳都振興には、その前例はありませんでした。でも次第に、私も独立してみたい、という気持ちが胸の中で大きくなりました」

最初は、いつも身近にいる支配人の棚橋幸さんに相談した。どんな方法であれば会社が理解してくれるか、真剣に考えてくれた。

十年目の契約更新の話し合いの場で、あおいさんは思い切って胸の内を伝えた。ストレートに〈独立〉とは言い出せず、給与体系の見直しとか、遠回しに新たな道を模索できないかといった話を遠慮がちに投げかけた。

すると、会社を代表して応じてくれた柳都振興のスタッフが、言った。

「本当のことを言ってごらん」

あおいさんの真意はもう見抜かれていた。

「独立することができないかなあ」

恐る恐る、あおいさんが答えた。すると、意外な言葉が返ってきた。

「独立を言い出すなら、あおいさんだと思っていました」

言下に否定も拒絶もされなかった。独立しても大丈夫か、心配こそしてくれたが、止められはしなかった。

この日をきっかけに、独立という新たな道への挑戦が始まった。

お姐《ねえ》さんたちから〈独立〉という選択肢を聞かされて以来、あおいさんは自分がいずれ柳都振興という、いわば〈置屋さん〉から独立し、一本立ちする未来に強く憧れを抱くようになった。

「私は格好《かっこ》いいのが好き。独立したいかどうかより、それが格好いい選択かどうか」

しばらく自問自答が続いた。

「独立してきちんと食べて行けるのか……、独立すれば会社はもう自分を守ってくれないので、心配はありました」

柳都振興ができてから、芸妓さんが独立を選んだ前例はなかった。だからいっそう独立への憧れは日に日に大きくふくらんだ。無理だろうな、会社に認めてもらえないだろうな、そんな思いも一方で強くあった。

ところが、すべてはあおいさんの杞憂《きゆう》だった。思い切って会社に話してみると、案じていたのとは裏腹に、前向きに受け止めてもらえた。あおいさんの希望は中野進社長（当時）に伝えられ、中野社長と直接話し合う機会も作ってもらえた。

「気持ち的には応援するよ」

中野社長から明確な支援が約束された。あおいさんが振り返る。

「中野さんをはじめ柳都振興の方々は本当に、親みたいに心配してくれました。独

新しい挑戦を「やってみたかった」

「格好いいのが好き」。独立して3年余のあおいさん、さらに光り、輝いている（撮影・大杉隼平）

立したら体調管理がいっそう大事だよ、浪費するな、深酒するな（笑い）、周囲からあることないこと言われるかもしれないけれど、気にするな……」

会社に独立の希望が認められ、いよいよあおいさんは自分自身の中で、決断を迫られた。独立の道を選ぶのか、とどまるのか。

「独立のいちばんの理由は、『やってみたかった』、それに尽きると思います。私は、やりたくないことはしたくない人間なので」

格好いい生き方を求めて、あおいさんは柳都振興からは誰もしたことのない〈独立〉という道を歩む決意をした。いまでも柳都振興のホームページを開くと、あおいさんがお辞儀をする写真とともにこう記されている。

『平成二十七（二〇一五）年四月四日、柳都振興から独立し、一本立ちいたしました。今後ともご贔屓《ひいき》を賜りますようお願いいたします。　津の　あおい』

〈津の〉は、独立にあたってあおいさんが開いた置屋さんの名前。柳都のいずれかの文字を入れることも考えたが、将来独立する後輩たちがその慣例に縛られないよう、あえて柳も都も使わなかった。

〈習いごと〉のできる仕事

和香さんは地元新潟の亀田で育った。初めて踊りと出会ったのは小学校のころだ。

「小学校で、〈亀田甚句〉の授業があって、踊りや唄、笛、太鼓を教えてもらいました。楽しかった！　先生に『すごくいいねえ』と踊りをほめられて、うれしかった思い出があります」

七人兄弟の五番目。兄弟が多いから、習いごとをさせてもらえる余裕はなかった。中学、高校では吹奏楽部に入り、チューバを担当した。小さな身体に大きなチューバは少し荷が重い気がするが、

「肺活量が大きいから向いている」

顧問の先生に勧められ、それがずっと自分の楽器になった。踊りへの思いはほのかに胸の奥にあったが、親にそれは言い出せないまま、月日が過ぎていた。

高校三年になり、就職先を考え始めた。クラスメートの多くは、工場に勤めるなどの選択を考えていた。

（私は飽き性だから、普通の工場だと続かないのではないか。パンは好きだからパン工場なら大丈夫かな……）

簡単に決断できず、迷い続けた。ある日、高校の先生にも勧められ、新潟市の朱鷺メッセで開かれる〈就職説明会〉に行った。すると、

就職を目指す高校生向けの合同企業説明会。古町芸妓が柳都振興の仕事を紹介した＝2010年7月、新潟市の朱鷺メッセ

「会場に振袖さんが三人立っていたのです」

就職説明会の会場に、いきなり振袖姿の芸妓さんが立っていたらびっくりするだろう。和香さんは、びっくりしただけでなく、その会社（柳都振興）の説明を聞いて、運命の出会いを感じた。

習いごとができる、踊りをやらせてもらえる、そう聞いて、

（いいなあ！）

和香さんの胸が躍った。

（好きなことなら、きっと続けられる）

入社まで迷いはなかった。だが、入ってみて、戸惑った。

「習いごとができる、そのことばかりに目が行っていて、芸妓さんはお座敷でお客様と喋《しゃべ》らなきゃいけない、そこが大事だと入るまで気づかなかった。いまでもまだ、緊張してしまいます」

支配人の棚橋幸さんからは、「新聞やテレビでいつも勉強しておきなさい」と助言されている。少しずつ、会話にも慣れてきた。

「古町芸妓は親しみやすさが売りですから、『うちに帰ってきたようにホッとする』と言っていただけるとうれしいです」

ひとりポツンと残された日々

　和香さんが柳都振興に入社し、芸妓になる直前の二〇一一年三月十一日、東日本大震災が起きた。新潟は直接的な被害こそ少なかったが、古町花柳界は打撃を受けた。普段の年に比べてお座敷が減り、芸妓さんの出番が少なかった。そんな事情を、入ったばかりの和香さんはもちろんよく理解できなかった。

　少ないお座敷、先に呼ばれて行くのは、同期の小夏さんだった。小夏さんは、誰が見ても笑顔が可愛《かわい》らしい。自分はといえば、

（美人じゃないし、喋《しゃべ》れないし）

　ひとりポツンと残されて、落ち込んでいた。当時柳都振興の本拠だった三業会館で、日本髪をつけ、白塗り、振袖を調えて、いつでも出かけられる準備をして待つ日々が続いた。

「あの子はなんだ、振袖のくせに笑わないし、喋らないし」

　お座敷に出たときの、お客様の戸惑う声が聞こえるようだった。次の年、後輩がひとりも入って来なかったので、二年くらい、ひとりで待つことの多い日々を過ごした。先輩たちが和香さんを励まし、支えてくれた。

「あんたの場合は時間がかかる。しっかり稽古を重ねていけば大丈夫」。あおいさんらが、ご飯に誘ってくれては助言をしてくれた。

三業会館の大部屋、化粧コーナーの前で身支度を調える和香さん＝２０１８年４月

「ベテランのお姐さんの中にも、最初ははやらなかった人がいたんだって」、それを聞いて驚いた。七十代になってなお現役で活躍する、三味線と言えば右に出る者がない大先輩がまさか……。

「踊りも三味線も太鼓も長唄もみんな好きでしたから、お座敷が無い日はずっと稽古に明け暮れていました。ＤＶＤを見たり、振りを覚えたり。鼓は難しくて、綺麗《きれい》にポンと鳴らすのに時間がかかりました」

お姐さんたちに支えられ、次第に和香さんは古町芸妓として磨かれていった。支えになったのは例えば次の言葉だった。

「〈気働き〉ならあんたもできるでしょ。喋れなかったら、いっぺ動きなせ」

いっぺ動く、気働きをする。そうやって、独自の持ち味を積み上げてきた。

八年目を迎えた二〇一八年二月、同期の小夏さんと和香さんは振袖から留袖に昇格した。「まだ自信がなかったので、一年延ばそうと思っていました。でも、小夏ちゃんが『一緒になろうよ』と言ってくれて」

留袖の方が和香さんに合っているかもしれない。

「芸事が好きだから、芸妓さんの仕事は楽しい。結婚はまだ考えていないけれど、結婚しても続けたい」

芸妓さんになりたい！

結衣さんは長岡市栃尾の出身。高校の先生から進学を勧められたが、できればやりがいを感じられる仕事に出会いたいと考えていた。

高校一年のとき、就職先を調べる中で、柳都振興という会社、芸妓さんという仕事を見つけた。

「新潟に、こんな世界があるのか、すごいなあという興味が湧きました」

栃尾で暮らす日常では見ることのない、華やかな光景、きらびやかな衣装。結衣さんはすっかり心を奪われた。

「京都の舞妓《まいこ》さんのドキュメンタリーをテレビで見た記憶がありました。一見華やかに見えるけれど、中に入れば厳しい世界、そんな印象を受けました」

それでも、古町芸妓への憧れは胸の中でふくらみ続けた。仕事である以上、「どこに行っても大変なのは一緒だろう」と思った。

いよいよ就職先を決める時期に結衣さんは、新潟市内の朱鷺メッセで開かれる企業説明会に出かけた。

「真っ先に行って、柳都振興の説明会の椅子の一番前に座りました。その日、初めて振袖さんを目の前で見ました。小夏さんと和香さんでした。会場で、おふたりはとても目立っていました……」

企業説明会での柳都振興のPRブース。（左から）和香さん、一森さん、小夏さん＝2012年7月

振袖姿を前にして、結衣さんの気持ちはいっそう高まった。

（できるなら応募したい、芸妓さんになりたい！）

ひととおり説明が終わり、質疑応答になった。結衣さんは、ずっと自分の中で案じていたことを思い切って聞いた。

「私は身長が一五一センチしかありません。背が低くても芸妓さんになれますか」

背の高さを気にしていた。説明をしてくれた柳都振興スタッフの一森政子さんが、やわらかな笑顔で答えてくれた。

「大丈夫ですよ」

家に戻って、芸妓さんになりたいと言うと、両親は理解し、応援してくれた。おばあちゃんだけが、昔のイメージを気にしてか、あまりいい顔をしなかった。

あとは入社試験というハードルが待っていた。高校で面接の指導などもしてくれるのだが、男性の担任の先生から、「特殊な職業すぎて何を聞かれるかもわからない、とりあえず頑張って」と言われて送り出された。

数日後、校内放送で職員室に呼び出された。

学校に、柳都振興から合格通知が届いたという報せ《しら》だった。憧れが、現実となって動き始めた。

和香さんからの手紙

古町芸妓の活躍の場はお座敷が中心だが、年に数回、舞台に立つ機会がある。

「初めて舞台で踊ったのは、一年目の〈新潟をどり〉でした。今年二月の〈襲名披露公演〉も楽しかった。また演《や》りたいです」

結衣さんが目を輝かせる。

結衣さんは、市山七十郎《なそろう》師匠の襲名披露公演で、ふたつ上の和香さんと《越後獅子》を踊った。

演目を決めるとき、「男を演りたい？　女を演りたい？」と訊《き》かれ、どちらでもよかったのでそう答えると、「新潟のものもあるといいなあ」、勧められて《越後獅子》に決まった。履き慣れない〈一本歯の高下駄《たかげた》〉を履いて踊る。最初は歩くことさえおぼつかなかった。

「こんなの履いて踊れません！」

泣きが入った。稽古用の一本歯で踊るうち、次第に履きこなせるようになった。

本番の舞台は無我夢中だった。終わった瞬間、反省ばかりが頭に浮かんだ。

（あそこがこうだった、あそこをこうすればよかった……）

悔やんでいると、まもなく和香さんから手紙を渡された。短い手紙に、感謝の言葉が綴《つづ》られていた。読んで、ジーンときた。和香さんの心遣いが深く染み入った。

新人お披露目会で、来場者にあいさつして回る結衣さん（左）＝2013年5月

「和香さんと小夏さんが〈留袖〉になって、上に〈振袖〉の先輩がいなくなりました。寂しい上に、プレッシャーを感じます」

ほぼ同時期に、柳都振興の本拠が三業会館からかつてお茶屋さんだった美《み》や古《こ》に移った。和室がたくさんある造りの関係で、留袖の部屋、振袖の部屋、普段過ごすスペースが別々になった。以前は同じ部屋で準備し、日ごろから普通に言葉を交わしていた。前夜のお座敷の些細《ささい》な出来事も、何気ない会話の中で助言を受けたり、軽くお叱りを受けたり、そんな日常を通じてお座敷の流儀を新たに学ぶこともできた。ベテランの芸妓さんから厳しい助言を受けることもあった。

「歩き方ひとつにしても、『もっと内股《うちまた》で歩きなさい』とか。きつく言われるのがありがたかった。自分を見てくれている、期待されていると思えるから」

部屋が別になり、振袖でいちばん上になり、新人たちの指導係も務める立場になった。

「そろそろ振袖を卒業して、お姐《ねえ》さんと呼ばれるようになりたいです」。結衣さんは言った。そしてこう付け加えた。

「将来結婚して子どもができたら、この世界を見せてあげたい。そのお座敷に、自分がいたらもっといい……」

いま古町芸妓と言えば真っ先に名前が挙がるのは「あおいさん」だろう。人気、知名度、実績、「すべてを兼ね備えている」と誰もが口をそろえる。

だが、取材を通じて同じくらい期待を受けているとわかったのが、新しい星「小夏さん」だ。

六歳違う二人だから、ライバルと呼ぶのはイメージに合わないけれど、古町花柳界に、あおいさんと並ぶ人気芸妓が育ったことを、贔屓《ひいき》筋も関係者も心から歓迎している。

可愛らしい、小夏さんの存在

小夏さんは、可愛《かわい》らしい。

「アイドル系の芸妓さん」と呼んだら、少し古町の流儀に外れるかもしれないが、「私はあんまり〈影〉の部分がないから」

はにかんで笑う小夏さんの、〈影のなさ〉こそが魅力ではないだろうか。

芸妓さんとお客さんの関係が、ちょっと謎めいた恋愛の趣を色濃く秘めた時代もあったろう。現代は、その関係が大きく変化している。いまもお座敷にはもちろん〈色〉があり〈艶《つや》〉がある。日常にはない〈麗しさ〉に満ち溢《あふ》れてもいる。だが、ずっと取材して感じるのは、健全な姿勢、清々《すがすが》しく健康的な空気だ。常に明るさが基本にある。小夏さんの笑顔、飾らない振舞いはそうした新しい古町花柳界を象徴

取材を受ける小夏さん
（撮影・大杉隼平）

しているように感じる。

「お座敷で、普段と違う自分を作ったりはしないタイプです。白塗りのお化粧も、最初に入ったころとあまり変わっていません。作りすぎないように。なるべく素の自分に見えるようにしていたいから。お姐《ねえ》さんたちの若いころの写真を見ると、みなさん、薄いお化粧なんです」

それは、自分らしさをどこに求めるか、先輩たちの姿を見て考えた末の選択でもある。

「あおいさんには叶《かな》いません」

小夏さんが、半ば呆《あき》れたような顔で言った。例えば、小夏さんと誰かが先にお座敷に入って、お客様の相手を務めているところに、他のお座敷を終えてあおいさんが駆けつけることがある。そんなとき……。

「『遅くなりました！』、あおいさんが襖《ふすま》を開けて入った瞬間、部屋の空気がガラッと変わります。全部、あおいさんに持っていかれる。すごい、そして悔しい（笑い）」

それほどの押しの強さは、小夏さんの得意とする方向性ではない。

「しかも第一声がいつも同じではないんです。入った瞬間、すぐにお座敷の空気を察して、対応する。それはもう天才的です。私はまだ足元にもおよびません」

学校帰りに振袖さんを見た

小夏さんが芸妓さんになるきっかけは、偶然の出会いからだった。

「私は地元の出身で、幼いころから古町のすぐ近くに住んでいました。でも、新潟に芸妓さんがいるのは知りませんでした。ある日、高校から帰る途中、たまたま振袖さんの姿を見かけたのです。それでびっくりして、家に帰ってすぐお母さんに報告しました」

すると、お母さんが柳都振興のニュースを見ていたらしく、「会社組織になっているらしいよ」と教えてくれた。

「ちょうど進路で悩んでいたときだったので、やってみたいなと……。調べてみたら、高卒で入れる、近々（新潟市内の）朱鷺メッセで説明会があると知ってますます興味が湧きました。デスクワークは向いていない、工場も向いていない、就職するならお勉強が必要な職場より、身体を動かす方がいいなと思っていたので」

探していた仕事が見つかった！　説明会に行くと、綺麗《きれい》な芸妓さんが来ていた。給料もかなり高いとわかった。胸が躍った。ぜひ入りたい、と思った。

日本舞踊の経験はない。ヒップホップダンスを少しやったことはあった。小学校四年のころから高校までずっと新潟市ジュニア合唱団に所属して合唱をやっていた。歌っていたのは、童謡や賛美歌。

お披露目で踊る小夏さん＝2011年、新潟市の三業会館

「舞台に立つのは楽しかった。ひとりで歌うのは苦手です。みんなで歌うのが好きでした。周りの友だちの歌のうまさに圧倒されていたので、歌の道に進もうとは考えませんでした」

合唱を始めたのはお母さんの勧めだった。

「テレビで流れるCMソングをすぐ歌う子だったので、お母さんが勧めてくれたのです」

そのお母さんは、小夏さんが生まれてからも地元でバンドを続けている女性だ。

「一度、アコースティックの弾き語りコンサートを見に行きました。少し恥ずかしかったけれど、自分のやりたいことをやっているお母さんは素敵だと思います。私がいまこの世界にいるのも、お母さんに背中を押してもらったからです」

入社試験の面接は、手応えがいいとは思えなかった。面接官はたしか、中野進社長（当時）、田中喜美さん（故人、支配人）、行形和滋さん（行形亭社長）の三人だった。畏《かしこ》まった会話でなく、世間話のような雑談で終わった。

（こんなんで大丈夫だったのか……）

終わってすぐ不安にかられた。その年は六人が受験した。採用されるのは二人くらいと聞かされていた。しばらくして、封書の合格通知が自宅に届いた。

会話が〈外国語〉に聞こえた

柳都振興に就職が決まって、友だちから「どんな仕事なの？」と訊《き》かれた。小夏さん自身、うまく説明できなかった。

〈おひろ芽〉を終え、お座敷に出るようになって、初めて仕事の段取りがわかった。

「踊りの時間がもっと長いと思っていました。実際にお座敷に出て見ると、むしろ、お話やお酌の時間が長かった」

新人芸妓の多くが面食らうように、小夏さんもまた戸惑った。高校生同士の会話から、突然、社会の中枢を担う大人たちの世界に飛び込む形になった。難しい言葉がたくさん使われる。

「お客様同士の会話が外国語に聞こえて、全然理解できませんでした」

小夏さんが、途方に暮れた顔で振り返る。

「私は覚えていないのですが、友だちや母親に聞くと一年目は毎日、『やめたい』とこぼしていたそうです」

お座敷の会話がうまくできなかった。

「踊りが楽しかったから、ずっと踊っていたかった」

ところが、芸妓さんの仕事の中心はお客様との会話だった。支配人の棚橋幸さんから、二言目には「ニュースと新聞」と教えられていた。テレビのニュースをチェ

料亭・行形亭の庭にたたずむ小夏さん（撮影・大杉隼平）

ックし、新聞に欠かさず目を通す。その意味が、お座敷に出るようになってよくわかった。

勉強が嫌いだから行動的な仕事を、と思って選んだ芸妓さんが、日ごろからめちゃくちゃ勉強を必要とする仕事なのだと、入ってから知った。

それでもやめずに続けたのはなぜか？

「目標があったからでしょうか」

小夏さんが言った。

「私が入ったとき、春花さんとあおいさんをはじめ、素晴らしいキャラクターの先輩たち、それぞれのカラーを持つ先輩たちがいらした。私はそうなれるのか？　自分の色が出せるのか？　すごく不安でしたが、何しろ〈異次元の先輩たち〉がたくさんいました。早く先輩たちのように、自分の色を持った芸妓さんになりたかった」

お座敷では、いくつもの目が必要だ、と小夏さんは知った。自分にはできそうもないが、見事にやってのける先輩たちに憧れも抱いた。お座敷で何を話したか、全然覚えていない、無我夢中の日々が続いた。

「なんとか余裕を持って務められるのに、三年はかかりました。少しでも吸収したくて本当に必死でした」

親しみやすさと幸福感

小夏さんは、「自分がどんな色の芸妓さんになれるか」、先輩の姿を見ながら、あれこれと模索し、悩んだという。

「私には色気はない……。親しみやすさはあるかもしれない。お酒は飲める。踊りは好き」

自分が持っている長所、得意なものを頭に描き、独自のカラーを探した。

新人のころ、しばしば先輩の春花さん、あおいさんらと一緒にお座敷を務める機会が多かった。対照的なふたりの姿がいまも印象に刻まれている。

「あおいさんは一瞬にしてお座敷の空気を変える。春花さんは丁寧な所作で、何も言わずにお客様の心をつかむ」

どちらも自分にはすぐできそうもない。

取材を始めた当初、小夏さんは異色の存在に見えた。それは、私が持っていた先入観と違っていたからだと、取材を進めるうちに理解した。

「私には〈陰〉がないので」

はにかみながら、小夏さんが言った。まさに、小夏さんには、もしかしたら多くの人が抱いている勝手な先入観、芸妓さんが人生に携えている〈光と影〉のような宿命的な〈翳《かげ》り〉がない。徹底して、明るい。陰をひそかに期待してお座敷に足を

鍋茶屋の舞台からにこやかに手を振る小夏さん（右）＝撮影・大杉隼平

踏み入れた客は拍子抜けするだろう。小夏さんには、幸福感が満ちあふれている。それを伝えると、小夏さんは素直に笑った。

「もしそうなら、うれしいです」

二〇一八年の四月、小夏さんは同期の和香さんとともに〈留袖さん〉に昇格した。ところが、いまは少し戸惑っている。

「早く留袖になりたくて仕方がなかった。でもまだしっくり来ていません。留袖が似合わない、振袖に戻りたいなあと思ったりします。振袖は〈華やか要員〉というか、振袖だから呼んでもらえる。留袖は、その人で呼ぶ。なってみて、まだ留袖になる覚悟がなかったと思い知らされました」

留袖になってまもなく、あおいさんに助言された。小夏さんの心を察したのだろうか。

「自分がお座敷を楽しまなきゃいけないよ」

そのひと言が胸に残っている。

「自分からお座敷の空気を作らなきゃいけない……。なんとなく、逃げていたのかもしれません」

留袖として、常に笑顔で、ちょっとずつ成長を重ねている。

樋口一葉《たけくらべ》を踊る

二〇一八年二月の襲名披露公演は、小夏さんにとって、ほろ苦い思い出となった。

「後悔……、悔しい」。珍しく、小夏さんが顔を曇らせた。

「ひとりで舞台に立つのは初めてでした。これまでは誰かしら隣にいてくれて」

高校まで取り組んでいた合唱も、ソロではなく「みんなで歌うのが好きだった」と言う小夏さんがひとりで立った晴れの舞台。

「どんな演目にするか考えていたとき、お姐《ねえ》さんたちに、『合っているよ』と言われて、樋口一葉の《たけくらべ》を選びました」

それは以前、先輩の春花さんが踊った演目だ。稽古を始めるにあたって、過去の舞台のDVDを見せてもらった。

（自分は春花さんのように踊れるだろうか）

勝手にプレッシャーを感じた。

「稽古をすればするほど、正解がわからなくなりました」

《たけくらべ》の主人公・みどりを踊る。役柄になりきることが、市山流の踊りの最も重要な基本。そのみどりの役に小夏さんは「なりきることができなかった」。

無理もない。みどりは幼いころはチャキチャキの江戸っ子で明るい少女だった。だが、後に遊郭に売られ、波乱の人生を送る。

自分を磨き続ける小夏さん＝新潟市中央区の行形亭（撮影・大杉隼平）

「映画《吉原炎上》とか見て、想像するしかありませんでした。でも、みどりが遊郭に売られる前夜の気持ちになりきることは難しかった」

踊り終えて、周囲はみな「よかった」と称《たた》えてくれた。けれど、自分の中には悔しい思いばかりが残っている。

「舞台に立ってもふわふわして、役柄に入り込めませんでした。いつのまにか舞台に立ってしまっていた感じで」

小夏さんは幼いころ明るく元気な少女だった、そこまではみどりと共通し、気持ちを重ねることができた。けれど、その先の波乱の人生を演じ切れなかった。

「春花さんのDVDを見直すと、本当に売られるんじゃないかと感じさせる、切羽詰まったものがありました。子どもから大人になる所が、とても上手に表現されている……。私は、どこか影のある女性に憧れていました。でも、私の中にない影は出せませんでした」

数日経《た》って自分のDVDを見てびっくりした。思った以上に踊れていなかった。

「もう一回、《たけくらべ》を踊りたい。でも、いまはまだ上手《うま》く踊れる自信がありません」

小夏さんは悔しさと課題を笑顔の奥に携えて、今日もお座敷で自分を磨き続ける。

第六章

歴史をつなぐ担い手たち

江戸時代から続く古町花柳界を支える舞台は、日々お座敷を提供する料亭だ。時代を超え、脈々と受け継がれてきた料亭の灯が灯り、客人を迎える。舞台を飾るのは常にその時代に生きる芸妓。歴史を担う芸妓たちの覚悟と献身があってこそ、今宵も伝統の舞台に華が咲く。

格式の中に流れる遊び心

料亭〈行形亭《いきなりや》〉のお座敷を初めて経験したとき、建物の風格に感嘆した次に、お料理の見事さに驚かされた。

お膳が目の前に置かれ、目を見張った。慎《つつ》ましくも華やかな盛り付け。口に運ぶとさらに、ひとつひとつの料理が味わい深く、思わず小さな歓声をあげた。

その感想を伝えると、先代社長・行形和也さんは、かしこまらない物腰で素っ気なく首を振った。

「うちの料理なんか、それほどのことはないんです」

謙遜にもほどがあると思い、改めて「本当に美味《おい》しくて驚きました」と伝えたが、和也さんはこちらの感嘆をするりとすりぬけて言った。

「どちらかと言うと、気取らずに食べやすい料理と言うんですかね。私が東京から戻ってすぐ、消えていた料理をいくつか復活させました」

和也さんは、東京・築地の新喜楽で板前修業を積んだ。

歴史ある直木賞・芥川賞の選考会場となり、発表の際は必ず名前が報じられる老舗の料亭だ。

「新潟に少しいた後、次は京都に修行に行くつもりでした。東と西、両方を修業しておきたかったから。ところが、戻って一週間めに新潟地震で被災しましてね」

料亭ではワインに合う料理も提供する。左は俳優の辰巳琢郎さん＝2007年、新潟市の行形亭

京都行きはあきらめなければならなかった。その代わりではないが、ちょうど一九六四（昭和三十九）年、東京オリンピックのプレスセンターで和也さんは腕をふるった。世界中から集まった報道陣の食事を提供する厨房《ちゅうぼう》の一員として働いたのだ。

再び東京から新潟に戻って、行形亭での奮闘が始まった。

「明治の時代から働いていた年取った先輩に聞いて、昔出していた料理を再現したのです。

〈横浜あんにゃま〉と呼ばれる人がいました。うちの血筋だったのかどうか。横浜だから中華街の影響があったんでしょう、かしわを油でコトコト煮る。まあ揚げるわけですが。当時、和食で鶏の肉は珍しかった。

日本そばを茹《ゆ》でてから焼いて、その上に八宝菜をかける〈焼きそば〉も人気でしたね。芸者さんがお座敷の終わりに食べたいと言うんで、よく作りました。手間のかかる料理なんだけどね」

和也さんがうれしそうに笑った。

行形亭は、上品な気取りが伝統かと思っていたら少し違った。格式の中にも、気取らない、そして常識にとらわれず新しいものを生み出す〈遊び心〉が伝統の魂に流れているようだ。

行形亭に鶴が来た

新潟市にある料亭〈行形亭《いきなりや》〉といえば、鶴を思い浮かべるお馴染《なじ》みさんが多いらしい。それは、行形亭の象徴ともいえる。池のある広大で美しい日本庭園に「本当に鶴がいた」からだ。

「古い資料を整理していたら、鶴が来たときの記録がありました」

先代社長の行形和也さんが、ファイルの中から、手書きの領収書のようなメモを取り出して見せてくれた。そこには毛筆でこう書かれていた。

『明治15年12月1日　中蒲原郡貝殻新田の商人より買い取った。代金45円、外《ほか》に祝儀7円』

亀田で捕獲したつがいの鶴二羽を、売りに来た商人から買い受けたのだ。

「鍋茶屋さんはすっぽん鍋の亀が売り物だから、鶴と亀でちょうどいいだろう、というんで買ったらしいです」

和也さんが教えてくれた。

その時代の空気がほのかに伝わってくる。二羽の鶴を行商人が携えて歩く光景。行形亭の門をくぐり、鶴を主人に差し出して勧める商人の口上はどんなものだったか。想像するだけでなんだか楽しい。江戸幕府から明治政府に変わってまだ十四、十五年の新潟の街がどのような風景だったのか正確にはつかめないが、少なくとも

歴史があり、美しい日本庭園を持つ行形亭は、街歩きスポットにもなっている

いまとは違うのどかさと、そして遊び心が伝わってくる。突然、差し出されたつがいの鶴をその場で受け入れる当主の気風《きっぷ》のよさ、お客様を喜ばせようとするいたずら心にも似たユーモアが伝わってくる。

それから行形亭にとって、鶴がトレードマークになった。

たしかに、いまも新潟を代表するふたつの料亭の象徴が《鶴と亀》というのは、縁起がいいことこの上ない。

和也さんはまた、ファイルの中から、桜の木でできた小さなお札を数枚取り出して見せてくれた。丸や楕円《だえん》、あるいは四角い木札には「藝札（芸札）」と記され、五とか十枚といった数字が書かれている。

「十分が一枚、三十分が三枚。芸者さんの花代をいまも『札』というのはここから来ているのです。芸者さんは一切、現金を持ちませんから。これがお金の代わりです」

そう言って、いま使われている厚紙の札も見せてくださった。1、3、6、12といった数字が書いてある。中には、「約束札」もある。これは、顧客の心づけを頼まれたときに渡すもの。客もまたお座敷で現金を取り出したり見せたりする必要がない。花柳界の粋と風流を支えるひとつの知恵であり、仕組みだ。

幻に終わった構想

新潟市にある料亭〈行形亭〉の先代社長・行形和也さんは三十年ちょっと前、〈振袖〉が二十年近く生まれていない現状を憂いて、

「新しく株式会社を作って、会社組織で古町芸妓《げいぎ》の育成・運営をしていこう。このままでは古町花柳界は衰退する」

そう声をあげたひとりだった。そして誕生したのが全国でも先駆けとなる柳都振興株式会社である。

賛同してくれた新潟の財界人たち、約八十社の出資で七千万円の資本金が集まった。

そのとき、新潟に支店を持つ大手企業も、何社かが「協力したい」と手を上げてくれた。

けれど、「新潟だけでやります」と方針を決め、中央資本の企業の申し出を断った。これには少し余話があると、行形和也さんが回想してくれた。

「少し待っていてください、と私たちはお願いしました。実は〈一本のお姐《ねえ》さんたち〉のための会社も作りたいという構想を練っていたのです」

一本のお姐さんというのは、すでにそれぞれの置屋に育てられ所属して、古町花柳界で活躍していた芸妓さんたちのことだ。このときまだ百人はいたといわれる。

新潟税務署のイベントで、電子申告（e－Tax）を体験する古町芸妓＝2011年

「芸妓さんたちはすごく経費がかかります。ところが、税務署は当時、経費五割しか認めてくれなかった。帳面をつけている人も少なかったし、高価な着物の減価償却だとか、きちんと青色申告していた芸妓さんが百人中五、六人はいたけれど、その程度です。退職金もない。そうした状況をなんとか支援したかったのです」

　柳都振興のほかに、もうひとつ組織ができないか。行形和也さんらは模索していたという。

「柳都振興ができて、若い芸妓さんたちは給料制になった。社会保険もある、退職金もある。古町花柳界にはそれ以前から独自の退職金制度があり、お客様から花代に加えて厚生福利を頂戴し、年にひとり十万円ずつ積立をしていました。でもまだ保障は充分ではありませんでした。これをもっと充実させたかった」

　そこで行形さんたちは考えていたという。

「柳都振興を作るとき、自分たちも協力したいと言ってくれた大手の会社に、お姐さんたちを支える組織を支援してもらえないか」

　ところが、バブル景気が崩壊。それとともに、行形さんらが描いた第二のビジョンは幻と消えた。個人の芸妓さんには〈小規模共済〉への加入を働きかけるなどしたという。

祇園・富美代の次女に生まれて

京都・祇園《ぎおん》の《富美代《とみよ》》といえば、富の字の描かれた大きな暖簾《のれん》で知られる、祇園甲部を代表する老舗のお茶屋さんだ。昨年五月、創業二百年を迎えた。

富美代には代々の家訓があるという。富美代を継ぐのは女性に限られる。富美代に生まれた女の子は家業を継がねばならない。

新潟古町を代表する料亭《鍋茶屋》の女将《おかみ》・高橋すみさんは、その富美代の次女として生まれた。

「小学生のころから姉(太田紀美さん)が、『私が八代目になる』と言っていたので、私は普通に結婚をするものと思っていました」

普通に結婚する、富美代の家訓を知らなければ別に取り立てる言葉でもないが、お姉さんが「継がない」と言えばその役目はすみさんが担うことになる。富美代に生まれながら「普通の結婚ができる幸せ」、姉と妹の劇的なほどの差を実感しながら、すみさんは幼少期から思春期を過ごしたのではないだろうか。

「私は人見知りでしたから、専業主婦になるとばかり思っていました」

ご主人の隣でニッコリ笑っているだけでいい、そんなゆったりした人生をぼんやり描いていた。

ある日、京大の教授夫人から「すみちゃん、新潟の鍋茶屋さんって知ってる?」

新潟市にある料亭「鍋茶屋」の女将、高橋すみさん。京都・祇園の老舗から嫁いだ（撮影・大杉隼平）

と訊《き》かれた。二十四歳のころだ。花柳界同士交流があるので、名前は聞いていた。そう答えると、教授夫人が言った。

「私の顔を立てて、会うだけでいいから」、鍋茶屋の跡継ぎとなる男性とのお見合いの話だった。

「おばあさんと一緒に見えるからと聞いていたのに、蝶々《ちょうちょう》のように華やかな感じの女性がいらした。おばさん？　と思ったら、それがおばあさんでした」

四代目の女将さん、新潟美人の華やかさが印象的だった。見合い相手のご本人はというと、

「いきなり博物館に行きましょうと誘われました。えっと思いました。でも後で聞くと、二十歳で刀剣の検定の奥伝を取ったという珍しい経歴の持ち主だったようで」

顔を立てるだけのつもりが、すみさんの人生を決定づける出会いとなった。

「ちょうど実家が創業百五十年のお祝いをしたばかりでした。全国からたくさんの方々が集まってくださった。私も茶道をやっていたので、お抹茶をお出しする手伝いなどして、代々続く家業のありがたみを感じていました」

そんな気持ちに縁談が自然と重なった。まもなく、創業から百二十年以上続く鍋茶屋にすみさんは嫁ぐことになった。代々続く家は、価値観が同じだろうと思った。

おっかさま、あねさま

鍋茶屋に嫁いでくるとき、四代目の女将《おかみ》（ご主人のおばあちゃん）が、

「これからは私を〈おっかさま〉、すみちゃんを〈あねさま〉と呼ぶんだよ」

従業員に周知してくれた。

「立場をつくってもらって、ありがたかった」

と六代目女将高橋すみさんが振り返る。四代目がはっきり後継者に指名したのだから、従業員に迷いはない。

「おっかさま、あねさまという呼び方は、旧家の奥様と若奥様にしか使わないものだったと思います。そのころ、新潟の料亭でもそう呼ぶのは、行形亭さんと鍋茶屋だけでした」

〈あねさま〉は、相応の格式や敬意を認められた相手だけに使う尊称だった。柳都振興ができてから、お客さんに失礼のないよう、男性のお客様を「あにさま」、女性客を「あねさま」と呼ぶようになったが、元来は少し違う。

四代目の女将にすみさんは鍋茶屋の流儀を仕付けられ、教えてもらった。仕事を離れると切り替えが早かった。

「孫娘をお嫁に出した後だったから、すごく可愛《かわい》がってもらいました」

休みになると軽井沢に行ったり、東京で評判の店を訪ねたりした。

3階建ての書院造り建築に白壁の門が映える鍋茶屋＝新潟市中央区東堀通8

「新しいことが大好き。六本木でお化け屋敷をテーマにしたお店ができたと聞いて一緒に行ったこともあります（笑い）」

伝統を継ぐ中に、新しい発想と変化を求める魂も鍋茶屋には流れている。

すみさんが嫁いだとき、戦前から鍋茶屋にいる板前さんが親方だった。板場の様子を見ていて、

（うちを継げる後継者を育てたい）

すみさんは感じた。そこで親方に頼んだ。

「若い人の中で、次の板長になれる人材がいたら推薦してくれない？」

親方は、「そうですね」とうなずくものの、いつになっても推薦してくれない。

「後継者は親方にとっては自分の立場を奪うライバルになりますからね。これはだめだと思って、別の方法を考えました」

鍋茶屋には、鍋茶屋で修業して巣立った板前さんたちが集まる《鍋友会》がある。戦後から数えると百人を越える仲間がいる。その中から、誰もが認める人材を探し、推薦を受けた。鍋茶屋で修行した後、東京で十年間経験を積んだ人物だった。すみさんは親方がやめる前に戻ってもらい、やがて板長を任せた。伝統を継ぐには常に準備が必要だ。以来、後継者を育てる土壌も大切にしている。

桜が一気に咲き誇る新潟の春

鍋茶屋で修業を積む見習いの年限は四年と決まっている。最初の仕事は、「朝、炭を熾《おこ》す、鰹節《かつおぶし》を削る」、このふたつだと女将《おかみ》・高橋すみさんが教えてくれた。

「火が熾ったら灰をかけて温めておくんです。備長炭は、火がついたばかりだと匂いがきつくて、素材に味が移ってしまいます。火力も強すぎて美味《おい》しく焼けません」

それで一度灰をかけ、適度に火が回って落ち着いたところで調理に使う。

見習いの半分は実家の跡継ぎ。四年経《た》てば鍋茶屋を離れていく。育てるだけで損失のようにも感じるが、鍋茶屋にとってても大きな意義があるという。

「たしかに入ったばかりの見習いさんは足手まといです。気がつかない若者も多い。でも、その指導を一からするために、親方も基本に戻らなければならない、それが大事です」

不況が続き、接待の利用が大幅に減る世相の中、料亭の経営も時代に応じた変化が必要だ。しかし、無駄を省けば経営が健全に好転するとは限らない。

「調理場では、素材はもちろんのこと、調味料や山葵《わさび》などの質を絶対に落とさない。お料理の脇役ですが、ここはどれだけ費用がかかっても譲らない。そこが、食べ物屋の本質だと思います。その姿勢をずっと貫いています。経費は、他で減らせばいいのです」

鍋茶屋の大広間を使ったブライダルフェア。和と洋が調和する＝2005年

子どものいないすみさんご夫婦は、後継者にご主人の妹の次男・高橋英司さんを選んだ。本人にその意志があるか尋ねると、

「大学を出たら継ぎたい、と言ってくれたのです」

養子となった英司さんは慶応義塾大学を卒業後、京都の瓢亭で修業したのち、鍋茶屋に入った。英司さんの提案で始まったのが、ブライダル事業だ。会社関係のお座敷が少ない週末、結婚式を積極的に受け入れて新しい顧客層を開拓する。美容室、衣装屋さん、洋菓子屋さんなど、新しいパートナーとの提携を英司さんが先頭に立って進めた。

老舗料亭があってこそ成り立つ古町花柳界。また芸妓《げいぎ》文化が繁栄してこそ際立つ鍋茶屋の伝統。互いに共存共栄の関係にある。新潟三業協同組合の理事長を十年務めたすみさんが言う。

「いかに花柳界をわかってもらえるか。学校の課外授業で芸妓さんを見てもらう機会を作ったり、いろいろ努力をしてきました」

祇園《ぎおん》から新潟に嫁いで半世紀を重ねた。

「京都にいたころは〈秋〉が好きでした。新潟に来てから桜が一気に晴れやかに咲く〈春〉が大好きになりました」

種子島から志願者が来た

鹿児島県の種子島から柳都振興に問い合わせが来た。「種子島の高校を卒業した後、柳都振興に入りたい」という。

それまで、新潟県内の出身者しか採用していなかった。古町芸妓は新潟のものであり、言葉や気風など、新潟出身であることが大切な要素だと、関係者が漠然と考えていた。

会社創設にあたって、東京に本社を持ち、新潟に支店を持つ企業からも出資の申し出を受けたが、「新潟でやります」と、丁重に断った経緯もある。

いや実際には、県外からの応募はそれまでほとんどなかった。いざ志願者が現れてみると、拒む理由もない。戸惑いながらも歓迎すると、面接に来たのが千秋さんだった。

幼いころから日本舞踊に親しんでいた。少し離れた時期もあるが、自分が踊ると周りの人に喜んでもらえる、それで踊りがますます好きになった。将来は踊りに関わる仕事がしたい。そう望んでいた千秋さんにとって、柳都振興の仕事は願ってもないものに思えた。

「中学生のころ、インターネットで調べていて柳都振興のことを知りました。踊りが好きだったので、芸者さんという仕事に興味がありました。柳都振興は高校卒業

お座敷で踊る千秋さん。鹿児島の種子島出身だ

が条件、それがありがたかった。（京都の）祇園《ぎおん》は十五歳からです。母親に、高校までは親元にいてほしいと言われていたので」

ホームページに「地元中心」という方針が書かれていたので、「県外出身の私は採ってもらえないかな」、それが心配だった。

「面接に来たら、種子島にすごく驚かれて、『そこにそんなに反応する？』。私の方がびっくりしました」

千秋さんが笑う。言われてみれば、新潟人の広いようで狭い無意識の意識がそこに浮かんで見える。どこかでやはり境を作っている……。

南の島から、真っ黒く日焼けした少女が来るのではないか、そんな想像をされていたように千秋さんは感じたらしい。でも実際に、柳都振興に現れた種子島の少女は新潟美人にも負けず劣らず色白の美人だった。

（色が黒いと、きっと入れない……）

遠く新潟を思い、種子島の少女は、できるだけの努力もした。体育の授業、屋外のときはできるだけ日陰にいた。面接の前に日焼けしてはいけないと思ったからだ。

（受かればいいなあ）

祈る思いで、新潟からの朗報を待った。

市山流があるから新潟にいる

担任の先生からは、「きっと受からないだろう」と言われていた。地元中心の古町芸妓。種子島出身では難しいだろうと。

「落ちたら落ちたで、日本舞踊は習い事で続けよう。着物が好きだから、着付けを勉強してもいい」

柳都振興に迎えてもらえなかったときのこともあれこれ考えた。でも本当は、新潟で芸妓さんになりたかった。やがて、柳都振興からの〈合格通知〉が初めて新潟県境を越えて、種子島に送られた。

高校を卒業してすぐ、三月に千秋さんは雪国にやってきた。旅の途中、雪景色がまだ残っていた。種子島では見ることのない風景。

島を出るとき、「うまく行かなかったら、いつでも帰っておいで」と言われた。自分でも不安がなくはなかった。けれど、ひとつの強い思いが千秋さんを衝《つ》き動かしていた。

（踊りたい、真剣に踊りを習いたい）

それが新潟を目指す最大の目的だった。本音を言えば、踊りがメインで、お座敷の仕事がしたいのではなかった。

新潟で柳都振興に就職し、稽古を始めて千秋さんの期待は確信に変わった。

稽古に励む千秋さん＝2017年3月、新潟市の三業会館

「市山流の踊りは格好《かっこ》いいなぁと魅力を感じました。新潟に来るまで詳しく知りませんでしたが、宗家に直接指導してもらえるなんて、他では絶対にありません。新潟で市山流に出会って、踊りが好きだと改めて感じました。みんなでひとつの舞台を作り上げる経験がそれまでありませんでしたから、《新潟をどり》とか春の《成果発表会》など、その中に関わらせてもらえること、すべてが感動です」

島の友だちは近くにいない。だが、いまはネットがあり、ラインがある。

「友だちとは、連絡をとっています」

新潟でも少しずつ友だちができた。ペットを通じて知り合った友だちもいる。

「新潟に来て一時ハリネズミを飼っていたんです。そしたらイグアナを飼っている人を紹介されて、すごく仲良くなっちゃいました」

無邪気に笑う。その笑顔が魅力的だ。

寂しさはいつも隣り合わせだが、それでも新潟にいたい理由がはっきりとある。

「新潟には市山流の踊りがある。それが、私が新潟で生きる理由です」

千秋さんが、目を輝かせて言った。

「とても素敵《すてき》なお師匠さんに、すごく近いところで熱心に見ていただけていることに感謝しています」

白馬村から和裁の学校に来た

志穂さんは長野県白馬村の出身。高校を卒業した後、新潟市内にある和裁の専門学校に入学した。

「縫い物が好きでした。お茶（裏千家）を習っていた関係で着物に親しんでいたのと、母親の影響もあって、和裁士になろうと考えていました。浴衣や振袖を縫う仕事です」

母親が和裁士だった。

「幼いころ、母が着物を縫ってくれたことがあります。一枚の布から着物に仕立ててくれるのをずっと見ていて、格好《かっこ》いいなあと感激しました」

母の背中を追って、新潟の和裁学校に通っていたとき、思いがけない出会いに恵まれた。学校のレクリエーションの一環で、旧斎藤邸に古町芸妓の踊りを見に行く機会があった。

「以前から舞妓《まいこ》さんに憧れていました。でも、自分とは関係ない、別世界の人たちだと思っていました」

ふたりの古町芸妓さんが目の前で日本舞踊を艶《あで》やかに踊ってくれた。

「踊りを見たときは、やっぱり近寄りがたい存在だと思いました」

和裁を学んでいるから、自然と芸妓さんが身につけている和服に目が行った。

旧斎藤邸での催しで舞を披露する古町芸妓＝2010年、新潟市中央区西大畑町

（花柳界の人が着ている着物は、同じ振袖でも、一般の女性が結婚式や成人式で着る振袖とは違うんだな）

細かいところに目が行った。襟を抜く着方、袖付けも違う……。そんなことからも、自分の生きている場所と花柳界の距離を最初は感じた。ところが、質問コーナーに移り、芸妓さんが笑顔で話し始めると印象が変わった。その日斎藤邸に来ていたのは千秋さんと結衣さんだった。

「芸妓さんと会話を交わして、急に花柳界が身近に感じられたのです」

気取りのない千秋さんと結衣さん。自分と同世代とわかって、気持ちの距離が縮まった。

（もしかしたら自分にもできるんじゃないか）

志穂さんの胸の中で、芸妓さんへの憧れが現実のものとして芽生え始めた。

インターネットで調べてみると、柳都振興の新人芸妓はほとんどが十八歳。高校を卒業してすぐ入社している。けれど、募集要項を見ると「十八歳から二十二歳」とあった。二十二歳の自分にも応募が可能だ。

（まだ間に合う、最後のチャンスだ……）

それまで考えたこともない未来が、志穂さんの中で大きくふくらんだ。

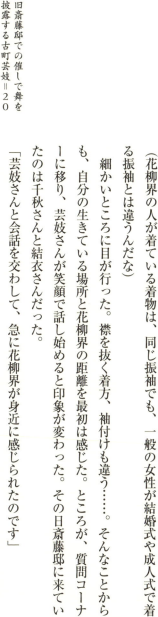

志穂、二十二歳の決断

「地元に帰るか、新潟に残るか」

和裁の専門学校四年目を迎えて、志穂さんは考えあぐねていた。いずれにしても、和裁の道に進むことは前提で、

「新潟か長野の呉服屋さんに勤めるか、実家で和裁士として仕事をするか、その二つが主な選択肢でした」

ところが、旧斎藤邸で古町芸妓に出会って、志穂さんの進路に新たな選択肢が加わった。

「柳都振興の見学に行き、他社の面接も受けるうちに、『柳都振興の内定がもらえるなら、芸妓さんになりたい』とはっきり気持ちが固まりました」

だが、両親にはまだ芸妓を志願することは伝えなかった。

「きっと反対されるだろうな、と思ったからです。就職試験に受かる前に反対されても仕方がない……」

面接のあと、思いがけず柳都振興から「合格」の通知が届いた。志穂さんは母親にその報《しら》せとともに、柳都振興のホームページのURLを送った。すぐ電話が来た。母親はずっと黙っていた。

長野には、芸妓文化が身近にないせいもあってか、母親には「水商売」という先

お披露目会で踊る志穂さん＝2017年5月、新潟市の三業会館

入観しかなかった。

その後、秋の連休を利用して実家に帰り、気持ちを伝えた。最初から、志穂さんの気持ちを聞こうとする気がない空気が伝わってきた。けれど、志穂さんがこれほど強く「やりたい」という道を止められないことも、両親はわかってくれていた。両親が安心する材料となったのは、柳都振興が地元の企業に支援され会社組織になっていることだった。

それからまもなく二年が経《た》とうとしている。いま両親はずいぶん変わったという。

「今年こそ《新潟をどり》を見に行くからね、と両親から連絡が来ました。写真はないの？　とか、いまはすごく応援してくれています」

両親の変化が、何より志穂さんが打ち込んできた二年間の歩みの証明だろう。

「芸妓さんの仕事は、フットワークの軽さがすごく大切だとわかりました。お座敷でも、お客様が何を必要としているか、先輩たちはすぐ気づきます。私も気が利くようにならないと……」

二十二歳からの旅立ちは難しくもあったが、選択は正しかったと感じている。

「花柳界は思っていたより体育会系、部活に似ています。上下関係もサッパリしていて、私はそういうところも好きですね」

「いまは男役が楽しい」

菊乃さんを初めて見たのは、市山のお師匠さんの稽古場だった。

スッと背筋が伸び、身長が高い。淡々と表情を変えない。一緒に踊る若い芸妓さんたちが時々〈振り〉を間違えて「シマッタ」という顔をし、「あっ」と声を出してしまうのをよそに、涼しい顔で踊る姿が目を引いた。

手足で踊っていない、というのだろうか。

振り付けをなぞるのでなく、踊りを一度ハラに納めて、あとは自然に身体が動く感覚を楽しんでいるように見えた。素人なりの感動だが、力の抜け方、粋な身のこなしが見ていて心地よかった。

(この芸妓さんは踊りが本当に好きなんだろうな)

そう感じた。まだキャリアは長くないはずだが、幼いころから馴染《なじ》んでいるような奥ゆかしさ、踊りの世界と自然に寄り添っているしなやかさを感じた。

素顔で踊るこの女性が、何という名の芸妓さんか？　柳都振興のホームページで見た写真を思い浮かべてもわからなかった。

市山のお師匠さんが、「菊ちゃん」と呼ぶのを聞いて、ようやく菊乃さんだと察しがついた。それでもなお、白塗り、日本髪姿の菊乃さんと、目の前で踊る素顔の菊ちゃんが同じ人だとはなかなか結びつかなかった。それほど、普段と支度をした

新人お披露目会での菊乃さん（中央）。右は同期の結衣さん＝2013年

印象が違う。芸妓さんの神秘的な多面性を思い知らされる出来事のひとつだった。

二月の襲名披露公演で、菊乃さんは公演の最後を飾る《俄獅子《にわかじし》》を踊った。初音さん、千秋さん、百々花さん、志穂さんと五人の舞台。菊乃さんは男役で、頭《かしら》の役を演じた。

「公演が終わったあと、東京で歌舞伎を見る機会がありました。そのとき、頭の役の役者さんの動きを見て、全然自分の踊りと違ったのでショックを受けました」

菊乃さんが大きなため息をついた。

「歩き方から違いました。頭の歩き方って、こうだったんだ……、いろいろ考えさせられました。公演の前に見ておけば、少しは違ったかなと」

背が高いこともあってか、このところ男役が続いている。あやめさん、あおいさんら、先輩たちと一緒に《相川音頭》を踊る機会も多くなった。

「いまは男踊りの方が好きですね。相川音頭も楽しい。男踊りの中にも、スッキリした男役、コミカルな役、いろいろあります」

秋のふるまち新潟をどりで、菊乃さんは結衣さんと《鶴亀》を踊った。泰然と立つその姿が頼もしくて、あれは誰かと見違えた。いい意味で、三十代半ばの踊り手さんかと思うほどの風格が漂っていた。

留袖を目指して切磋琢磨する

菊乃さんは、新潟市内の高校を卒業して、柳都振興に入った。就職指導の先生から、「こういう会社もあるよ」と紹介され、気になるな、と思った。けれど、すぐ入りたいとその気になったわけではない。祖父母の影響で、民謡を三歳から習っていた。日本舞踊の経験はなかった。

「朱鷺メッセの説明会に行って、何の気なしに座って見ていたら、小夏さんと和歌さんが振袖姿で芸妓さんの日常などを話してくれました。それから少しして、二回目の説明会にも行ったとき、たくさんの〈制服集団〉の中から小夏さんと和歌さんが私を見つけて、『この前も来てたよね』と声をかけてくれたんです。それで、『ここにしょうかな』と」

縁は異なものというが、菊乃さんと古町花柳界とは赤い糸で結ばれていたのではないかと思わせる。

家族に希望を伝えると、「自分がやりたいならやりなさい」」、判断を任された。

「私も〈別世界〉に入るのが、少し怖かったんです。花柳界がどういう世界かわからなかったので……。でも、やらないで後悔するなら、やったほうがいいと思って」

古町花柳界の門を叩《たた》いて六年目になった。

入ってみると、すごくいい会社だった。

古町芸妓の伝統を受け継ぐ責任感と使命感を感じている菊乃さん（撮影・大杉隼平）

「日本舞踊の基礎を一から教えていただけるのがうれしかったし、未知の世界に入りやすかった。お辞儀の仕方、足の運び方、お扇子の持ち方から教えてもらいました。踊りは年数が経《た》てば経つほど楽しくなります」

お座敷での会話も、楽しみのひとつになってきた。

「年々おなじみのお客様が増えてくるので、やはり覚えていただけると、ご一緒するのが楽しくなります」

振袖の中でいちばん年上になった。新人や後輩に助言し、悩みを聞いてあげる立場になった。それがなかなか難しいという。芸妓の先輩、後輩とは、家族より過ごす時間が長い。ただルーティーンをこなして帰る仕事と違うから結びつきも強い、「家族に近い存在だ」と菊乃さんは言う。古町花柳界を受け継いでいく責任感、使命感も日に日に高まっている。

「留袖が目前に来ています。留袖になるには覚悟がないといけないと思っているので、まだまだこれからです。留袖のお姐《ねえ》さんたちを見ていて、私がこの中に入れるのかと少し距離を感じます」

振袖以上に留袖が似合いそうな菊乃さんが切磋琢磨《せっさたくま》し、次の階段を上る日が楽しみだ。

新人・さつきさんが決めたこと

さつきさんはこの春、地元・新潟市内の高校を卒業して、柳都振興に入った。五月に〈おひろ芽〉をしたばかりの新人芸妓さんだ。

中学時代は吹奏楽部。仲のいい友だちは、サックスなどの目立つ楽器を選んだが、「私はホルンの響きに魅《ひ》かれて、ホルンを選びました」

高校三年になり、進路を決めるため学校に届いた求人票を見ていて、柳都振興という会社に目が止まった。

「職種の欄に〈芸妓〉とあったんです。仕事内容は、〈踊ったり、接客をしたり〉。すごく興味を感じて、八月の〈新潟まつり〉を母と見に行きました。芸妓さんたちが山車に乗って踊っている姿を見て、私もあんな風に踊りたいな、と思いました」

さつきさんの心が湧き立った。人前に出るのは「得意じゃない」と思っていたが、気持ちにスイッチが入った。朱鷺メッセで開かれた就職説明会には、「柳都振興を見る目的で」行った。ブースに、日本髪、振袖姿の千秋さん、百々花さん、志穂さんがいた。

（私も入ったらああなれるんだ）

ますます憧れがふくらんだ。

母親に「柳都振興に入りたい」と言うと、

座敷に出る準備に取り掛かるさつきさん。これから白塗りの化粧をする（撮影・大杉隼平）

「すぐに『いいよ』とは言いませんでした。しばらくして賛成してくれたのですが、その間に、柳都振興のことを調べてくれたのです」

会社組織になっていて、安心して任せられる会社だと母は納得した。父親は「干渉しない方だから」、初めから反対しなかった。

入ってみて、新しい経験の連続だが、とくに印象的だったのは、先輩たちの立居振る舞いだという。

「歩く姿、お酒を注ぐ手の動き、すべてが魅力的です。歩くだけで、普通の人と違います」

お座敷で難しいのは、歳《とし》の離れたお客様との会話だ。

「ニュースに関心を持っていなかったので、お客様の話に乗っていくことができません。歳上の方と話した経験もないので……。ここまで悩むとは思いませんでした」

さつきさんがクリクリした眼《め》を大きく開いて肩をすくめた。

壁は味わっているが、挫《くじ》けている顔ではない。夢は何かと尋ねると、「いま決めている目標は」と言って、眼をキラキラと輝かせた。

「十年はこの仕事をやろうと思っています。そのためには勉強しなければなりません。踊りはもちろん、三味線や太鼓も」

咲也子の名を覚えてほしい

「歌うこと、踊ることが小さいころから大好きでした」

咲也子《さやこ》さんが話し始めた途端、部屋の空気が明るくなった。一見大人《おとな》しいタイプかと思ったら違う。放つ空気がエネルギッシュで、こちらを元気にしてくれる。

「小学校一年から高校三年までタップダンスをやっていました。KAT－TUNのライブで見て『私もやりたい』とお母さんに相談したら、長岡駅前の教室を見つけてくれました」

咲也子さんは県内の与板で生まれ育った。小学校から高校まで、長岡の学校に通った。余談だが小学、中学は筆者と同窓（付属長岡）、それを聞いて思わず校歌を一緒に歌った。

タップダンスは爪先と踵《かかと》に金具のついた専用シューズを履き、板の上で踊る。

「小学校のとき、できないステップがあって、泣きながらやったことがあります。でも楽しかったし、好きでした」

母の友人の勧めで柳都振興を知った。直接電話をかけて見学に訪ね、踊りを見せてもらうなどして「やってみたい」と思った。

「市山流の踊りは〈情景〉が見える踊りだと思います。目線や扇子の動きもしなやかで、それひとつで様々な感情が表現される。やってみたいなあ、と思いました。

会う人を元気にしてくれる咲也子さん＝2018年5月、新潟市の古町界隈（撮影・大杉隼平）

自分にもいつかできるのかなあと」

柳都振興に入り、踊りだけでなく、三味線、太鼓、長唄などの稽古が始まった。毎日が充実している。歩き方、お辞儀の仕方、すべてが新鮮な修行の連続だ。

「長唄が一番難しいです。踊りは足の使い方が全然違います。タップダンスは両足の爪先を九十度開くことが多いのですが、日本舞踊は内股《うちまた》です。最初は筋肉痛になりました」、咲也子さんが笑う。二〇一八年五月に〈おひろ芽〉をし、八月末に半玉（見習い）の期間を終えた。

「これまでは新人四人で一緒に呼んでいただくことが多かったのですが、これからは変わっていくと思います。いまは、なかなか名前を覚えてもらえないのが悩みです」

九月二十三日の〈新潟をどり〉では千秋さんや新人の仲間たちと《松づくし》を踊った。両手で扇子を回す振り付けが見所の演目。

「扇子を落とさないか、落としたときどう対処するか。お師匠さんからは、『扇子を使ってポーズを決めるのでなく、つなぎの動きも見られているんだよ。点ではなく、線で踊るように』と教えていただいています」

咲也子さんの言葉から、毎日の充実ぶりがはっきりと伝わってくる。

沖縄と新潟の文化の違いをつなぐ

沖縄県那覇市で生まれ育った那緒さんが花柳界に魅《ひ》かれたのは、中学二年のとき。「沖縄で〈京都展〉があって、舞妓《まいこ》さんが来ていたんです。『中学を卒業したら入れるんだよ』と教えられて母に相談したら、『大学までは卒業しなさい』って」

高校では郷土芸能部に入って踊りと琉球箏曲《りゅうきゅうそうきょく》を主に稽古した。そして沖縄県立芸術大学音楽学部に進学。邦楽やお琴、琉球舞踊を学んだ。奨学金以外の学費は自分で捻出した。「コンビニのアルバイト、ホテルの配膳、琉球舞踊の踊り子さんもやりました」

就職先を探す段階になって、最初は「博物館の学芸員、印刷会社や不動産会社などの一般企業」も視野に入れて回った。そんなとき、「ＴｅＮＹ（テレビ新潟放送網）の全国放送を見たんです。《社員は芸妓さん》というドキュメンタリーでした」。

番組で古町芸妓を知った。柳都振興という会社組織で運営していることに感銘を受けた。

「すごいなあと思って、ホームページを調べたら『募集は二十二歳まで』だった。今しか入れない！と思って」すぐ連絡し、夏休み、新潟に見学に来た。

「ちょうど明和義人祭の日で、朝のお稽古からお支度、お姐《ねえ》さんたちがお祭りの舞台で踊るところまで一日の流れを見せてもらえました。私もあの舞台で踊りたい

地元沖縄で琉球舞踊などを学んだ後、古町に来た那緒さん（撮影・大杉隼平）

……、実際に見に来て、もっと『いいなあ』と思いました」

後でよく聞いてみると、実は新潟に来る前、ほかにも二カ所、芸妓さんの募集をしている地域に立ち寄っている。「新潟の花柳界は土台がしっかりしていると思いました。歴史があって、地元の企業が会社を支えている」

さすがに大学生。単なる憧れでなく、就職先を見極める厳しい観察眼で選んだのだ。

日本舞踊は新潟に来て稽古を始めた。「沖縄古典の踊りは精神性が主体の宮廷芸能です。振りが多いわけでなく、『心を動かすけれど身体は動かさない』。市山流は歌舞伎から派生したので、身体の動きで感情を表します。見栄を切る仕種《しぐさ》や首をしなやかに動かす〈みつくび〉がまだ難しいです」

同じ踊りでも全然違う。

沖縄から古町花柳界に来たのはもちろん那緒さんが初めて。

「早く私がここにいる意味を見つけたい」

新潟の良さを学ぶと同時に、沖縄の良さも伝えられる芸妓にできればなりたい。いまは、「休みの日にすることがないのが悩みです。掃除ばかりしているので、家の中がピカピカです」、那緒さんは屈託なく笑った。

場を明るく染める、天性の才能

新人芸妓ふみ嘉さんが部屋に現れて対面に座るまで数秒のうちに、私の心は明るく湧き立った。何だろう？　会話を交わす前から、ふみ嘉さんは私を愉快な気持ちにさせた。

「柳都振興の面接に来た時、まだ話す前から、その笑顔がいいね、と言っていただいて、すごくうれしかったです」

なるほど、接客のプロも唸《うな》らせるだけの天性をふみ嘉さんは携えているのだ。

（本当に、多彩な才能が集まっている……）

私は思わず、心の中で感嘆した。この取材を始めた時、芸妓さんの才能といえば、踊りなどの芸のセンス、そして容姿の美しさだろうと思っていた。ところが、一人ひとりと向き合うと、他の分野では実感したことのない、言葉に尽くせない魅力や奥行きをみな内側に秘めている。人の魅力、尊さをしみじみと感じさせられた。

「高校時代はすごく楽しかった。自由でのびのびした学校でした。人とお話するのが好きだから、いつも友だちと話していました。

茶道部でした。抹茶が好きだし、お菓子が食べられるので、卒業まで続けました。でも、私が茶道部だったことはほとんど誰も知りません」

不思議なことを言った。友人は彼女の部活を知らない？

ふみ嘉さんは、会う人の心を明るくし、愉快な気持ちにさせてくれる（撮影・大杉隼平）

「自分のことはあまり言わない方なので」

明るい性格なのに、自分からは積極的に喋《しゃべ》らない……。

「芸妓になったことも、学校の先生しか知りません。あとは仲の良い友だちくらい」

小学校一年のときから稚児舞、中学から神楽舞を始めて高校三年まで続けていた。太鼓の響きや笛の音が好きだったという。

「ずっと京都の舞妓《まいこ》さんに憧れていました。踊ることを仕事にできないかと思っていたら、お母さんが新潟にも芸妓さんがいるよと教えてくれました」

日本舞踊は、柳都振興に入ってから始めた。

「踊りは大好きなんですけど、一緒に入った四人の中で私がいちばん覚えるのが遅くて。好きな気持ちはあるんですけど、上手にできないんです。お支度もみんな早い。私は元々ゆっくりしちゃう性格なので焦っています」

ふみ嘉さんがこの時ばかりは顔を曇らせた。

「でも、お姐《ねえ》さんたちがみんなやさしくて、すごく可愛《かわい》がってもらっています」

芸妓さんの仕事を始めて半年が過ぎた。

「毎日お着物が着られるのはいいなあと憧れていたので、うれしいです。夢が叶《かな》いました。お客様とお話するのも楽しいです」

素顔と芸妓姿の違いは、人それぞれだ。すごく見違える芸妓さんもいれば、あまり印象の変わらない芸妓さんもいる。

日本髪をつける前の姿で現れた百々花《ももか》さんは、いつも写真で見慣れた愛嬌《あいきょう》のある表情とは違って、凜々《りり》しさにあふれていた。一対一の対話だったからかもしれない。目の前に座った百々花さんは別人に思えた。真剣な眼差《まなざ》しで、こちらを見据えている。お座敷では決して見せないであろう、取材者と真っすぐ対峙《たいじ》する雰囲気にこちらも少し緊張した。

面白い人になりたい

ちょうど数日前、鍋茶屋の女将《おかみ》さんから「小夏さんが明るいばかりで悩みがないように書きはっていたけど、それは違うでしょ」とお叱りを受けたばかりだった。

古町芸妓さんはお客様との距離が近く親しみやすい。昔と違って、いまの芸妓さんはお客様との関係も明るく、かつてのうしろめたいイメージはもうないと強調したくて軽やかに書きすぎたかと自省していた。

そんな経緯もあって、百々花さんの眼差しに、人の世はいまもそんなに容易《たやす》いものではありませんと、言いたげな気迫を感じた。

「私は柳都振興で初めての四大卒です。それがこんなに騒がれるとは思いませんでした。お座敷に出始めたころ、『同志社を出て芸妓になったのは誰だ』とよく言わ

お座敷では配慮のこもった笑顔が素敵な百々花さん（撮影・大杉隼平）

れました。それほど珍しいのかとビックリしました」

大学時代、京都・北野天満宮そばの花街・上七軒でアルバイトをしていた。日本風のしつらえのバーで、芸妓さん舞妓《まいこ》さんを呼べる店だった。

「素敵《すてき》だなあと感じる芸舞妓さんが多かった。芸妓さんや舞妓さんはそれまで〈イメージの中〉にだけ住む人でしたが、週何日も接するうちに私の中で〈現実〉になりました。芸妓さんたちはお話がお上手、そして神秘的な存在に見えました。

その店はバーカウンターが中心ですが二階にお座敷があって、お客様が要望すると踊りを見ることもできます。普段は稽古をしていて、お座敷では接客業をこなす。格好《かっこ》いいなあと思いました」

進路を決める段階になって最初は大学院へ行こうかと考えた。

「でもピンと来なかった。大学院という進路は逃げの選択肢でした。それで……」、かねて関心を持っていた柳都振興に連絡した。

「見学に伺ったとき、支配人の棚橋さんがとても温かく対応してくださったので」、気持ちが自然とそこに重なった。

「面白い人になりたいという漠然とした思いがありました。芸妓さん、面白い！」、決断するのに時間はかからなかった。

村上の高校を卒業するとき、百々花さんは「どこに行こうか」考えた。「東京では近すぎる。大阪は姉が進学した街だけれど、私には合わない気がする。京都の言葉は外国語みたいで面白そう……」

それで京都の大学を選んだ。親元を離れ、一人暮らしをした経験は百々花さんに大きな影響を与えたという。

「京都で一人暮らしをする中で、タフさが欲しいと思いました。日本人より日本語の上手な中国人に出会ったりして、自分には〈人間としての強さが足りていない〉とすごく感じました」

会話というのは面白い。「人としての強さが足りない」と言う百々花さんが、文字どおり「強さが足りない」とは感じない。それをはっきり言葉にする百々花さんは、〈人としての強さ〉を直視し、その不足と向き合う日常を重ねているのだろうと頼もしく思う。

〈解像度〉の高い生き方

芸妓さんにとってお座敷での会話は大切な役割のひとつだ。普段は、天候の話から始まり、テレビで話題の出来事や地元のニュースなどに続くことが多い。やがて、仕事の話や趣味の話など、多岐に及ぶだろう。その会話にどう応じるかで、お座敷の明るさや深みが変わっていく。

古町花街を紹介する案内板の除幕式に臨む百々花さん＝2018年4月、新潟市中央区古町通8

私などは、内面に起こる葛藤や謎をひもとく会話が好きだ。誰とでもできる会話ではないが、それが通じる人との出会いには自然と胸が高鳴る。

（目の前の百々花さんは、そういう会話に長《た》けているタイプではないか）

そう考えていたら、百々花さんが言った。

「解像度が高いっていいますか？」

訊《き》かれてハッとした。解像度とは、一般には〈画像を表現する格子の細かさ〉をいう。だが、百々花さんが使ったのは他の意味でだとすぐ伝わってきた。人の感情の機微、モノの見方や考え方の細やかさを言いたいのではないか。解像度という言葉をそんなバロメーターに使う発想をしたことがなかった。ネットで目にした表現らしい。ふたりの会話が一気に愉快な興奮に満たされた。

人は時間や現象という縦糸を生きつつ、心の中で展開する内面という横糸を同時に携えている。そのバランスが個性にもつながる。百々花さんは、心の中の想像や発想を常に広げている人ではないか、このような深みを持つ百々花さんとのお座敷は、おそらくまた独特の楽しさだろうと心の中に笑みが浮かんだ。

（今度はお座敷で、語り合ってみたい）

そう思わせる魅力が百々花さんにあった。

第七章

名作とともにある気概

芸妓さんの存在理由は、日ごろのお座敷だけにとどまらない。日本舞踊、三味線、鼓、太鼓、唄など、無形の文化財である伝統芸能の担い手でもある。接客業であり芸術家であり文化の継承者である古町芸妓の〈芸に生きる覚悟〉と修練を忘れてはならない。

作家・三浦哲郎の小説《熱い雪》

昭和三十年代にデビューし、いまも古町花柳界で活躍しているお姐《ねえ》さんたちがいる。その中のひとり、扇弥《せんや》姐さんにぜひお会いしたい、ずっと楽しみにしていた。扇弥さんの青春は、芥川賞作家・三浦哲郎さんの小説に描かれている……。主人公の名こそ〈雪弥〉と変えてあるが、扇弥さんがモデルであることは三浦さん自身が認めている。古町花柳界を舞台に書かれた小説《熱い雪》は、次のような書き出しで始まる。

『小寿々のほほは、烈《はげ》しい音を立てて、傾いた。

その傾いた白くぽってりした頬に、耳の付け根から口元にかけて、みるみる赤い手形が浮かび上った。細い華奢《きゃしゃ》な五本の指をきっちり揃《そろ》えた手形である。それは手形というよりも、むしろ先のすらりと尖《とが》った細身の鏝《こて》のかたちに似ていた。

雪弥はそれをみて、自分が踊りを踊るときの手つきで小寿々をぶってしまったのに気がついた。きっちりと指を揃え、そりを打たせた手のひらでぶったのである』

一九六七（昭和四十二）年十二月、〈別冊小説現代〉に掲載され、大光社文学叢書の一冊として刊行された。《熱い雪》は実業之日本社から七九（同五十四）年五

阿賀野川の河口に近い田園地帯にかかる泰平橋＝新潟市北区

月に刊行された短編集《しづ女の生涯》の最初にも収録されている。

私はその本を図書館で見つけ、ぱらぱらと内容を確かめる程度の気持ちで読み始めた。ところがすぐ、小説の中に引き込まれてしまった。

昭和を代表する小説家のひとりである三浦哲郎さんが、古町花柳界に生きる若い芸妓（げいぎ）・雪弥と新潟に実家のある大学生・黒木卓三の恋愛を瑞々《みずみず》しく描いた物語。

卓三が夏休みで新潟に戻り、数カ月ぶりに再会した夜。食事の後も離れ難《がた》くて、雪弥は卓三の車に「乗ってみたい」とねだる。卓三はもちろん歓迎する。「行きたい先は？」、訊《き》かれて雪弥は「泰平橋」と答える。言ってすぐ後悔したが、もう引き返せなかった……。

いまもそんな言い伝えが残っているだろうか？　そのころ、古町の芸妓さんの間で信じられていた迷信があったという。

夜、一台も対向車とすれ違わずに泰平橋を渡りきれたら、二人は結ばれる——。初めて二人で出かけた夜、思わずそこに願《がん》をかけたい気持ちにかられた雪弥が言った先から悔やんだ。

「でも迷信なんですよ。こんなこと。どうせ私たちの気休めなんです」

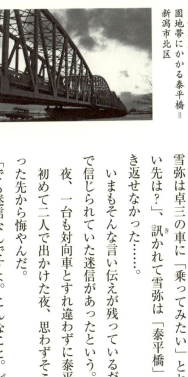

間一髪で無事、対向車にすれ違わず渡りきれたあと、雪弥は卓三に泰平橋の伝説を打ちあけ、「でも迷信なんですよ」と付け加えた。その後の文章はこう続く。

『そういって、とってつけたように笑ったが、黒木は相変わらずむっつりとしている。きっと気を悪くしたのだと、雪弥は急にしおれてしまった。

「ごめんなさい。私、勝手なことばかりいって。」

「いや」と彼は前を向いたままいった。

「こんなこと人に話しちゃ、いけませんね。」

黒木はちょっと黙っていたが、やがて吐息でもするように、

「だけど、あんたはもう、話してしまった。」

といった。それから雪弥に近い方の手を軽く握った』

恋人たちが信じた《泰平橋の伝説》

新潟日報で長く古町花柳界の取材をしている鈴木啓弘記者から、扇弥《せんや》さんがモデルになった小説があると教えられて以来ずっとお会いしたいと願っていた。だが、果たしてこのテーマで会ってくださるのか。

夏から秋に変わるころ、思い切って扇弥さんに電話を入れ、取材のお願いをした。

「私なんて、だいたい福豆世姐《ふくとよねえ》ちゃんの話と同じだから、会っても仕方ないよ」

しゃきしゃきとした口ぶりできっぱりと断られてしまった。

「私に何を聞きたくいなさるの？」

そう尋ねられて恐る恐る小説の話をした。すると、扇弥さんの雰囲気が変わった。

「ああ、それならねえ」、そう言って、電話の向こうで小説が生まれたいきさつを話してくださった。

「《熱い雪》は……。私がお付き合いしていた彼、実家が建設会社を営んでいた方ですが、その彼と三浦先生さんが早稲田の文学部の同級生で、仲が良かったら、三浦さんはよく新潟に見えていたのです」

若いころの悲恋。いま伺っていい話題なのかどうか測りかねていた。ところが、

「三浦先生が、私たちをよく観察なさって書いてくださった小説です」

扇弥さんはいまから約二十年前、芸妓生活四十周年を記念して、《熱い雪》を私家版で出版し、感謝の印に配ったという。

「三浦先生がまだお元気だったから、本にしていいですかとお尋ねしたら、『いいよ』と言ってくださった。三浦先生はきっと、私たちが結婚すると思っていたのでしょう。でも私の家の事情が許さなくて、叶《かな》いませんでした」

生涯慕い続ける大切な恋人

小説《熱い雪》のモデルとなった扇弥《せんや》さんに、古町でお会いした。

「両親は、東京の下町・亀戸の出身でした。関東大震災で被災し、新潟に疎開してきたそうです。貧しかったので、母とその妹は花柳界に入りました。成功したのは妹の方です。私たちはみな一緒に住んでいました」

経済的に厳しい母が、妹の世話になっていたのだ。小学校一年生のとき、扇弥さんは生みの母から妹(扇弥さんにとっては叔母さん)の養女になるよう告げられる。

「私は次の日の朝、叔母さんに『お母さん、おはようございます』と言いました。子どもながらに、事情がわかっていたのでしょう」

その日から叔母さんが「お母さん」になった。生みの母「あーちゃん」はすぐ近くにいるが甘えることのできない遠い人になった。

小説の話を聞くと、扇弥さんは懐かしそうに話してくれた。

「《熱い雪》はほとんど実話です。三浦さんが『小説にしていいだろうか』と私たちにお訊《き》きになったとき、彼は『三浦のためならいいよ』と、すぐ承諾しました」

二人がまだ人目を忍びつつ、恋愛を育んでいたころだ。恋人の言葉は、扇弥さんと寄り添い続ける彼の決意にも聞こえたのだろう。

「いい芸者になるにはいい旦那を持ちな」

「熱い雪」が収録された三浦哲郎短編集「しづ女の生涯」＝１９７９年、実業之日本社刊

養母から繰り返し諭されたが、扇弥さんはそのことには従わなかった。旦那より彼を大切にした。けれど、結婚にはとうとう賛成してもらえなかった。

「私はあなたを芸者にさせるために育てたのであって、結婚させるためじゃない」

当時は、結婚すれば芸妓をやめなければならない。置屋の養女であれば、継ぐのが役目。身勝手は許されなかった。

「生みの母と八歳下の弟がずっと養母の世話になっていました。養母からも毎日のように『私が面倒を見ているんだよ』と言われましたから、養母の反対は押し切れませんでした」

彼は、実家の建設会社が倒産した後も、再建のためずっと新潟で奮闘していた。やむなく別れたあと、東京に行ったと聞かされた。それから半世紀、一度も会ったことはない。

「十年ほど前、母が亡くなったとき、お葬式に彼が来てくれたのです。私は会えなかったのですが、わざわざ東京から……」

扇弥さんと同じく、彼も扇弥さんを大切に思い続けていた。少し前、彼が天国に旅立ったと知らされた。永遠の別れ。だが彼はいまも扇弥さんの中で生き続けている。

《うしろ面》を誰が踊るのか

普段はお座敷で活躍する芸妓《げいぎ》さんが、舞台で日本舞踊を披露する機会がある。毎年恒例の〈新潟をどり〉はその代表的な行事、二〇一八年は九月二十三日の秋分の日に、新潟市民芸術文化会館、りゅーとぴあで開催された。

古町芸妓さんにとって、それは年間で最も大きな舞台のひとつだ。実は、この年に限って、二月にそれとは別に、「人生を代表する大舞台」と言ってもいい、特別な公演があった。

江戸時代に源流を持つ日本舞踊・市山流の宗家が新潟に本拠を置いている。市山流は代々、古町芸妓の日本舞踊の師匠としても知られる。

その市山流の現在のお師匠さんが宗家を継いで十三年目にあたる二〇一八年、いよいよ宗家の伝統的な名跡を襲名した。母であり、先代である六世・市山七十郎《なそろう》の十三回忌、その祥月命日に《七代目市山七十郎襲名披露公演》を行った。これは、襲名する市山七十世《なそよ》さん（当時）にとって重要な舞台であるばかりでなく、この舞台を彩る門下の舞踊家全員の晴れ舞台。そして、市山流の踊りや実力を天下に発信する稀有《けう》な機会でもある。

総合演出を担当し、客演の舞台以外はすべての演目を指導するお師匠さんにとって、自分の踊りはもとより、古町芸妓さんを含めたお弟子さんみんなの出来栄えが

日本舞踊・市山流の襲名披露公演。古町芸妓が競うようにあでやかに踊った＝2018年2月17日、新潟市民芸術文化会館

自分を問われる大舞台となる。

「お師匠さんの七十郎襲名公演の舞台に立たせていただける、一生に一度かもしれない、ものすごく光栄でもあり、失敗が許されない思いで、本当に緊張しました」

舞台に立った古町芸妓さんの誰もが、いつもは見せない緊張に満ちた表情で話してくれた。話す仕草《しぐさ》から察するに、心臓が口から飛び出しそうな、それほどの重圧だったと窺《うかが》える。

古町のお座敷を務めるのとは全然違う異次元の緊張感。日本舞踊の踊り手としての真価が問われる舞台でもある。日頃の修練、稽古の質がごまかしようもなく現れる。

この襲名披露の舞台で、市山流の固有の演目であり、いわば市山七十郎師匠の七十世時代の代名詞でもある《うしろ面》を、師匠は踊るのか? 最初にそれが気になった。

市山のお師匠さんに尋ねると、自分はとても余裕がないので、《うしろ面》は踊らないだろうと言う。大切な《市山会》の舞台、しかも十三回忌追善、襲名披露、市山流の晴れ舞台に大切な演目がないのは寂しい。しばらくして、ある人が、《うしろ面》を踊ることに決まったという報《しら》せが飛び込んできた。

今を逃したら一生後悔する

市山流の代表的な演目《うしろ面》は、他の流派では踊られていない。いわば市山流にしかない演目。七代目市山七十郎《なそろう》を襲名する七十世《なそよ》さん（当時）だけが踊れるものだと思い込んでいた。

顔の正面では尼に化けた狐《きつね》を踊り、狐のお面をつけた背中側では狐を演じる。背中側でもまるで正面で踊るかのように演じなければいけない。

言うまでもなく、通常の踊りにはない大変な難しさを克服する必要がある。肩甲骨のやわらかさはもちろん、背中や後頭部で感情を細やかに表現するのは並大抵ではない。それは熟練の技であり、特別な感性と身体的才能の持ち主でなければ踊ることはできないだろう。

その《うしろ面》を、《襲名披露公演》では、「あやめさんが踊る」と、七十世師匠から聞かされた。

「えっ、本当ですか?」

思わず聞き返した。宗家以外は踊らない、いや踊れないものと勝手に決め付けていた。お師匠さんは、案外気安い調子で続けた。

「あやめさんが踊りたいって言うから。はい、誰かに踊ってもらいたいと思っていたので、ちょうどよかったんです。市山流の大切な演目は私だけのものでなく、受

「うしろ面」を踊るあやめさん。体の正面のように見えるが、実は背中を向けている＝2018年2月17日、新潟市民芸術文化会館

け継いでもらわないと絶えてしまいますから」

本当ですか？　と聞き返したもうひとつの理由はきっと、《うしろ面》の狐を演じるのは、お師匠さんのような小柄でか弱いイメージのタイプだと、これも勝手に思っていたからだ。お師匠さんに比べたら、あやめさんは大柄で、どちらかといえばガッチリしている。尋ねると、お師匠さんはこう言った。

「私が演じる狐もあれば、あやめさんが演じる狐もあっていい。踊り手によって違うところがまた面白いのです」

襲名公演が日一日と近づく初冬のある日、稽古場にあやめさんを訪ねた。《うしろ面》を踊りたいと志したきっかけは何だったのか。訊《き》くとこう話してくれた。

「去年（二〇一七年）の年末に、文化庁主催の行事で、お師匠さんが全国三カ所で《うしろ面》を踊られました。私は《相川音頭》でその公演にご一緒させていただきました。そのとき、お師匠さんの《うしろ面》のお手伝いをして、いつか踊れたらいいなと思ったのです。

市山会が開かれると聞いて。図々しいのは重々承知していますが、『いまこの時期を逃したら、一生、あの時やっておけばよかった』と、そんな後悔が過去に多々ありましたから、今回はわがままを言ってみました」

〈お家芸〉を受け継ぐ

市山流宗家が七代目市山七十郎《なそろう》襲名を決意し、襲名披露公演を一年近く後に行うとお弟子さんたちに伝えてまもない二〇一七年四月ころ。公演の舞台に立つ意思があるかないか、あるならば何を踊りたいか。ひとりひとりがお師匠さんから尋ねられた。

舞台設備、衣装、三味線や唄・鳴り物など地方《じかた》さんへの謝礼、照明等々、演目によって予算が違う。大掛かりな演目はそれなりに高額な費用がかかる。

ぽつりぽつりと、他の芸妓さんやお弟子さんの演目が決まり始めた。

「聞いたところ、男踊りが多かった。大振りな感じの踊りが多かったので、すごく繊細な踊りがいいなと思いました。自分はまあ大雑把《おおざっぱ》な方なんですけど（笑い）、哀愁漂う《うしろ面》のような演目をさせていただけたらなあと、ダメ元でお願いしました」

恐る恐る、「できれば《うしろ面》を」と、あやめさんが切り出すと、

「やってもらっていいんだけど」

七十世師匠（当時）は、さっぱりした調子ですぐ受け入れてくれた。その返事を聞いて、むしろ焦ったのはあやめさんだった。

「市山流のお家芸ですから、私がやらせていただくのは失礼かと……」

市山七十郎襲名を新潟市に報告する市山流一門。後列中央右が七十郎さん、その左は篠田昭市長＝2017年10月

そんな言葉をお師匠さんは意に介さなかった。またいずれ新しい方《かた》が《うしろ面》に挑戦するとき、「お師匠さんはこう教えてくださったよ」と伝えられる、そういう意義もあると励まされた。

「私は過去に〈新潟をどり〉で、《娘七種《くさ》》をやらせてもらっています。そのときも市山流のお家芸に関わらせていただいた……」

そして今回は《うしろ面》。身に余る光栄と重責を引き受けることになった。

お師匠さんは、徐々に決まっていく披露公演の演目を、手書きのメモに記した。あやめさんの《うしろ面》も加わって、市山流にとって愛着のある演目ばかりが並び始めた。

時間はまだ十カ月以上あった。しかし、一から挑戦するあやめさんにその十カ月は決して長いと思えなかった。

身体を整え、振りを覚え、踊りに魂を注ぎ込んでいく。半年はあっという間に過ぎた。周囲から見れば、狐《きつね》の面をつけた背中で正面を踊る、腕や肩の柔軟性がまず気になるが、いざ取り組んでみると、《うしろ面》の難しさはそこではなかった。

あやめさんが真剣な表情でつぶやいた。

「柔軟性より、もっと深いところに、難しさがありました」

尼の顔で狐の内面を踊る難しさ

《うしろ面》を見る者は、〈背中で踊る難しさ〉ばかりを想像しがちだ。

後頭部に狐《きつね》のお面をつけ、背中側が、あたかも狐の正面であるかのように踊る。実際には背中側だから、両手を前で合わせる動作ひとつとっても難儀な仕種《しぐさ》だ。これを、まるで正面であるような自然さで踊り分けなければならない。

だが、あやめさんは稽古を始めて、もっと本質的な難しさに直面したという。

「人間の顔で踊るときも、内面は狐なわけです。尼に化けた狐ですから。すっかり人間っぽくてはいけません。狐自身、人の格好をしているから、少し緊張しているのか、逆にふっと狐になる瞬間がある。突然、犬が現れたときとか、人間に声をかけられたとき、思わず狐が出てしまう……」

あやめさんが身振りを交えて教えてくれた。

人の顔をしながら、突然の出来事に驚いて、思わずコンコンコンと、狐の歩調で動いてしまう。人であって人でなく、本性の狐が表れる面白さ、切なさ。そこに哀感がにじみ出る。

「この踊りを創った人は本当にすごいですね」

公演に向けて、不安も大きいに違いないが、この演目を選んでよかった、密《ひそ》かな充実感、大きな手ごたえもあやめさんの表情にみなぎっていた。

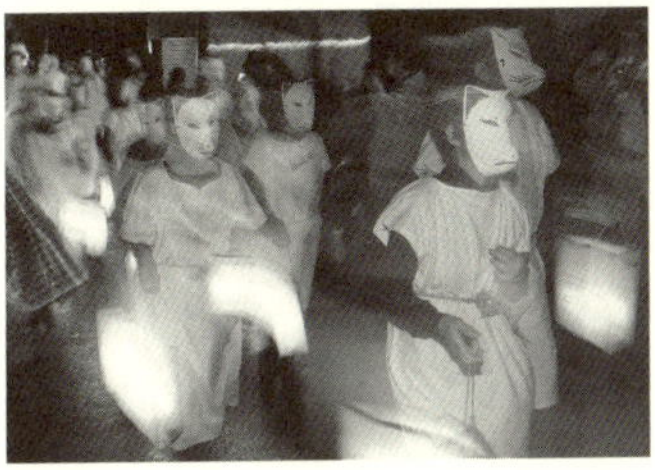

キツネは昔話によく登場する。「うしろ面」同様、人間になりたいのだろうか（柏崎市高柳町の「狐の夜祭り」）

「お師匠さんの足元にも及びませんが、同じ演目をやったからこそわかる、お師匠さんのすごさも感じられます」

あやめさんは、《うしろ面》を踊ると決めてからずっと、ｉＰａｄ（アイパッド）にお師匠さんのビデオを入れて持ち歩いている。暇があればその映像を見て、師匠の姿を身体に叩《たた》き込んできた。

「お師匠さんは、見れば見るほど、簡単に踊っている。面倒に見せちゃいけない。そこがまだ全然違います」

人間になりたい狐の哀愁をどう出せるか。

「私はクラシックバレエを十五年ほどやっていたので、動けるのですが、その分、足が大きく動いちゃう」

それが強みでもあり、難しさでもある。《うしろ面》を稽古し始めた最初に、お師匠さんから助言を受けた。

「狐は小動物だからね。うっかりすると狼《おおかみ》になりそうだね」

大柄な狐にならないように……。

冗句の中に、大切な核心を込めてくれた市山のお師匠さんの一言があやめさんの道標《みちしるべ》になった。

クラシックバレエの習慣

「クラシックバレエはつま先で回り、日本舞踊はかかとで回ります」

あやめさんが、面白いことを教えてくれた。

踊りながら身体の向きを変えたりターンするとき、バレエではつま先が接点になり、踊りではかかとが軸になる。

「つま先で回ると、回転が早くなりすぎます。私はずっとクラシックバレエをやっていましたから、踊っているときパニックになると、つい子どものころから演《や》っていた方が強く出てしまいます。日本舞踊は腰を落とすのが基本ですが、バレエでは腰を高く保ちます」

重心をどっしり下げておかねばならないのに、つい身体が浮いてしまう……。そんな話が出たのは、《うしろ面》という究極的に難しい演目に挑戦する日々の中で、これまで経験のない混乱を幾度も経験したからだろう。

振りを覚え、ひととおり踊り通せる段階になると、お師匠さんからの要求は一段深いものになった。

「後ろと前と、同じはずでしょう?」。踊り手にとって、正面と背面があるにせよ、役になりきれば前も後ろもない。まったく同じように、自然に演じてこその《うしろ面》だ。

あやめさんの中にも、次第に狐《きつね》がごく自然に棲《す》み始めたようだ。

「人間でいるときより、狐でいるときの方が伸びやかでいられるのです。人間になると、人目をすごく気にする」

柔軟性も必要な《うしろ面》だが、日本舞踊の稽古は、いきなり曲を流して踊り始める。バレエのような基礎レッスンはない。

「お師匠さんに、『日本舞踊には準備運動がなぜないのですか』と聞いたことがあります。そこがバレエと日本舞踊のいちばんの違いだと思います」

お師匠さんの答えは明快だったという。

準備運動とか基礎レッスンというアプローチはすごく合理的な考えに則《のっと》っている。日本舞踊、ことに市山流の踊りは役を演じることが核心。合理性を追求しないことが、役の本質に近づき、役になりきる近道だと。

そこに理があるとわかっているが、難しい《うしろ面》に取り組むにあたって、あやめさんはクラシックバレエ時代にルーティーンだった〈バーレッスン〉や〈センターレッスン〉をやってから、舞台の踊りに取り組んだという。あやめさんの《うしろ面》は、クラシックバレエの素養を借りて仕上がった、西洋と日本舞踊との融合の産物だった。

鷺娘を踊り終え、倒れた

市山七十郎師匠の襲名披露公演で、終盤のハイライトのひとつはあおいさんが演じた《鷺娘《さぎむすめ》》だった。

鷺娘は、一七六二（宝暦十二）年に江戸・市村座が初演。これを一八八六（明治十九）年に新富座で九代目市川団十郎が復活させたといわれる、女方舞踊の代表曲のひとつ。鷺の精が、人間の娘の姿を借りて踊る設定。悲しい恋を一途《いちず》に恨む内容だ。

白無垢《しろむく》姿の娘が、赤く艶《あで》やかな町娘に変化し、最後は鷺の姿になり、雪が降りしきる中、地獄の責めにもがき苦しむ。息も絶え絶えになり、それでも生きようと羽ばたく……。

舞台に降り注ぐ吹雪、台の上で懸命に羽ばたき天に昇るあおいさん扮《ふん》する鷺娘の姿に、観衆は惹《ひ》き込まれた。場内の興奮が最高潮に高まったところで、幕が下りた。

「鷺娘を踊って最後決まったとき、すごい酸欠になって、私、舞台から落ちたんですって。羽ばたいていた台の上から。自分では全然わからなくて、ハッと起きて、『ありがとうございました』って。倒れたことを覚えていません。初めての経験でした……」

鷺娘になりきったあおいさんは、本当に一瞬、天に昇った……。

赤くあでやかな町娘に変化して舞うあおいさん＝2018年2月17日、新潟市民芸術文化会館

「いまできる全力は出しきりました。全然完璧ではないし、もっともっとという反省はありますけど、あのときできる精一杯《いっぱい》はやったかな」

そう言ってすぐ、あおいさんは夢見るような眼差《まなざ》しでつぶやいた。

「もっと踊っていたかった。今回は本当に、もっと踊っていたかった……」

永遠に終わらなければいい、舞台の上で、そんな思いに包まれていた。

「幕が開いて、最初はがちがちだったけど、途中からどんどん踊りの中に入っていった。だんだん、曲しか聴《き》こえなくなって、本当、気持ちよかった。

もう一回踊りたい。機会があったら、四十歳すぎくらいで、もう一回《鷺娘》を踊りたいなあ。すごく大変だったのに、嫌だったのに。怖いんですよ、幕が開くのが。本番前はいつも怖い。なのに幕が閉じると、次は何を踊ろうかとなる。本当に不思議」

二〇一八年十月末には、パリで《越後獅子》を踊る。紅子さんとの共演。十年前にナント市で踊って以来、フランス公演は二度目だ。前回は、

「言葉がわからないからこそ、世界観を感じ取ろうとしてくれているなあと感じました」

パリは、十年の経験と成長を確かめる舞台でもある。

古町芸妓の成長を見守る

古町芸妓たちの成長を誰よりも願い、喜んでいるひとりが、柳都振興株式会社の二代目社長の今井幹文《もとふみ》さんだ。

市山七十郎襲名披露公演が終わったすぐ後、率直な感想をお聞きする機会があった。今井さんは感無量の表情でこう言った。

「市山のお師匠さんから、ここまでよく踊れるようにしていただいたと感じました。いままでの舞台の中で、柳都の子、柳都出身の子たちがいちばん輝いた、それぞれの良さを引き出してもらえた会だったんじゃないでしょうか。

襲名披露は市山のお師匠さんの会です。七十郎襲名の特別な舞台。一人ひとりが、『お師匠さんに恥をかかせられない』、強い思いで稽古に取り組んできた半年、十カ月の成果がはっきり見えたので、非常にうれしかったです」

稽古の過程で、なかなかうまく行かず苦しむ様子も伝え聞いていただけに、やり遂げた成果を身にしみて感じるのだろう。

「例えば白鷺が、どんな思いでどう動いていくのか、形だけでなく心の思いを何度も叩き込まれ、確認しながら踊っていく。仲間がそれぞれ仲間の稽古の苦しみや苦労を見ている。その成果として、ここまで出来たんだ、という感動。あおいさんも含めて柳都十一人の連帯感がアップした、それほど格別な意義が今回のお師匠さん

町並み保全を目指す「古町花街の会」設立総会で話す今井幹文さん＝2012年

の会にはありました」

今井さんは古町花柳界に格別な愛着を感じている。柳都振興を卒業し、市山流の名取として踊りに励む女性たちにも、新潟に戻るたび食事をともにするなどしてエールを送り続けている。新名取として市山七十春嘉、市山七十華世さんらが舞台に立つ姿も感慨深かった。

「市山流があって新潟古町の花柳界が成り立っているのは間違いありません。江戸時代から綿々と続く市山流のお師匠さんが新潟にいてくださる。本当に大きな存在です」

柳都振興社長に就任してすぐ、老朽化した三業会館から旧「美や古」に柳都振興の拠点を移し、柳都カフェの創設を提案するなど、古町芸妓と市民の距離を近くし、いっそう親しまれる存在に進化させようと精力的に動いた。

「新潟の観光に貢献できる場面を増やしたいですね。街の中で芸妓さんに出会える、路地を歩くと三味線や長唄の聴こえる風景がもっと自然になるように変えていきます」

新たな時代。故郷の無形な文化財に心からの愛情を抱き、芸妓さんそして古町花柳界を《新潟を代表する観光資源（財産）》に育てようとの熱い意志が伝わってくる。

この物語を書こうと決めた理由

ＢＳＮ（新潟放送）の人気アナウンサー・近藤丈靖さんとは、ラジオ番組《独占！ごきげんアワー》にレギュラー出演させてもらって以来の交流だ。ＣＤ化され二万枚以上のヒットを記録した《今すぐ使える新潟弁講座》をはじめ、多種多彩な声を操る彼の話術には、いつも笑わされ、驚かされる。その才気に私は本気で平伏している。

正確に言えば〈天才紙一重〉の魅力。人を喜ばせる天才。それでいて媚びない。どこか冷静で、独自の世界を生きている。

スポーツや映画、芸術の分野でも、ファンを魅了する傑物は常人の理解を超えた激しさ、思考回路を秘めている。才気があっても活用できず、持て余す苦悩もあるものだが、近藤アナウンサーは見事にその才気を〈平和利用〉している。

私は近藤さんの類いまれな才気が、そして独自の才気を平和利用する回路がどうやって醸成されたのか知りたくて、「本を書く前提で取材させてもらえないか」と打診した。

すると、丁重に断りの返事が届いた。親しい交流からすれば、意外な拒絶。

「せっかくお話を頂いたのですが、私なんて本に書くような人間ではありませんよ」

その一言だった。

西堀から東堀まで続く六軒小路を歩く芸妓さん。古町花柳界の人材が今もこの街から育っている（撮影・大杉隼平）

しばらくして、彼と街の中華料理屋さんで昼食をともにする機会があった。様々な話をした。その中で、彼が古町の芸者置屋で生まれ育ったという話に胸を衝かれた。その環境こそが彼の才気を育てたのではないかと感じた。そして、彼を育てた古町花柳界がものすごく魅力的でミステリアスな存在として私の中に広がった。固定的な先入観で見ていた花柳界が、実はまったく別の価値と魅力を秘めている……。その素顔、花街の本質を知りたいと強く心を動かされた。

やがて、彼とは別の縁から出会いに恵まれ、運命の糸がつながるように私は古町花柳界の扉の中に招き入れていただいた。

そんな旅の途中、近藤さんと、いまも古町花柳界で活躍しておられるお母さんと一緒に歓談する幸運に恵まれた。世間の古い偏見がまだ根強かったころ、シングルマザーの先駆けは幾多の厳しさを味わっただろう。だが、母と子は気高く穏やか、謙虚で飾らず、それでいて華やかな光をその姿に湛えていた。

育ちがいい、という言葉がこの母子の形容にはぴったりだと思った。その理由は連載を重ねる過程で理解できるようになった。

彼らはいまの時代にありながら、〈気高い日本文化を凝縮した日常〉に囲まれて生きているからだ。

夫婦でお座敷を楽しむ

「四十年かかって、ようやくここまで来《こ》らいたんだれ」

三十回目を迎えた《ふるまち新潟をどり》を見終わった夜、鍋茶屋さんのお座敷で早福岩男さん（早福酒食品店会長）がしみじみとつぶやき、隣に座る奥様の澄子さんに相槌を求めると、澄子さんは穏やかにうなずき、微笑みを浮かべた。

「こういうお座敷にしたかったんさ」

感慨深そうな表情で、早福さんはテーブルを囲む客人たちに目をやった。新潟をどりを一緒に観覧した、県内外の仕事仲間や友人たちが集っていた。総勢十名。その中に、奥様が三人とお嬢さんがひとり、合わせて四名の女性が席についていた。

「昔はさ、花柳界のお座敷といえば男ばっかしらった。それを変えたくて、俺はいっつも、かかと一緒に通ってたわけなんさ」

新しい人と出会うと早福さんは自己紹介の代わりに決まって、「俺の趣味はこっちらっけ」と言いながら小指を立てる。それが口癖というか、早福さんの定番冗句になっている。けれど実際には、花街のお座敷にもどこへでも奥様を伴うのだから、そんな隙も気もないことを周囲はよく知っている。

時代は変わり、古町芸妓の踊りと料亭の味を楽しむ場には女性の姿も多い

花柳界といえば「色街」、男女の道ならぬ秘め事の場のように思われがちだ。実際、かつてはそういう側面もあった。けれど、時代とともに変わっている。

さらに古町花柳界の意義を高め、発展させるには、「日本文化の総合芸術」という看板をもっと前面に押し出し、本道にしなければならない。

そのためにも、女性たちの参加は必須条件だ。奥様同伴で楽しむ場所になれば、偏見も誤解も生じない。

「芸者衆はちっと遅れて来るすけ、まあ、我々だけで始めましょて」

早福さんの音頭で、酒宴が始まった。私は驚いた。ついさっきまで、二度の舞台を務めた芸妓さんたちがお座敷に来る？　今夜はてっきりお休みだと思っていた。

「舞台化粧のままで来てしまいました」

明るい声で和香さんが現れた。少しして、菊乃さん、千秋さん、百々花さんが登場して、座は一気に華やいだ。他の芸妓さんたちもみな、それぞれのお座敷を務めているという。舞台を終えてすぐお座敷に出る。それが贔屓筋のねぎらいであり、芸妓さんにとってはお礼の気持ちを伝える場なのかもしれない。

家族以外はそれぞれ初対面同士の酒席にもかかわらず、芸妓さんが加わったお座敷は、和やかな会話で笑いが絶えなかった。

あとがき

古町花柳界が変える未来

普段はスポーツライターと呼ばれる機会の多い僕がこの本を書いたのを不思議に思う読者もいるだろう。様々な出会いが重なり合って、新聞連載と出版が実現した。

三年間新潟に住んだとき、家族でお世話になった早福岩男さん、澄子さんご夫妻に《古町芸妓の世界》と題するＤＶＤを渡された。「花柳界はさ、日本文化の総合芸術なんだれ」という早福さんの言葉が最初はピンと来なかった。その早福さんから日本舞踊市山流の市山七十世（現七十郎）宗家を紹介され、一流のスポーツ選手を遙かに凌ぐ水準で身体科学を熟知し、体現されている姿に感銘を受けた。直後に、高校の先輩である新潟のテレビ局ＮＳＴ大橋武紀社長から「市山七十郎襲名披露ドキュメンタリー番組を作るから手伝わないか」と誘っていただき、ほぼ一年にわたって師匠を取材した。その過程で、市山流のお弟子さんの中核を担う古町芸妓衆の稽古を見学する機会に恵まれた。

古町の一隅にある市山流の稽古場は築百五十年になる木造建築で、玄関を入った瞬間から、幼い時代に迷い込んだ錯覚に包まれた。そこは時代を超えて心技体を磨く日本文化の研鑽場だった。日本人なら誰もが懐かしく感じ、自然と素直な気持ちに導かれる清々しさに満ちていた。日本文化の粋と熱と魂が凝縮された、居心地のいい空間。そこで芸妓さんたちが日々踊りに精進し、踊りを通じて己と向き合う光景に接し、胸を打たれ、この世界をさらに深く知りたいと思うようになった。

そんな話を東京でしていたら、「ぜひ本にしましょうよ」と勧めてくれたのがダイヤモンド社の中島正博さんだ。「思いきり、小林さんの新潟への思いも書き込んでください」。さらに、「それならまず日報で連載してからにしようぜ」と、願ってもない機会を提供してくれたのが、長岡高校時代のクラスメートであり、新潟日報の現常務取締役・高橋正秀君だった。そして、小田敏三社長から預かったという手提げ袋一杯の〈小田コレクション〉を渡された。古町芸妓に関する数々の資料を網羅したその宝の山がなければ、この作品にこれほど歴史豊かな彩りは注ぎ込めなかった。

柳都振興株式会社の初代社長・中野進さん、現社長・今井幹文さん、事務局の一森政子さん、支配人の棚橋幸さんも、出版の主旨に賛同し、ご支援をいただいた。また、福豆世さん、扇弥さん、延子さんをはじめ現役のお姐さんたちには、花街の流儀もおぼつかない若輩者を引き立てていただいた。そして、〈津の〉のあおいさん、

〈柳都振興〉の留袖さん、振袖さんは、身内のような親しさで迎え入れてくださった。多忙な中、快く撮影を引き受けてくれた気鋭の写真家・大杉隼平さんと一緒に一人ひとりの写真を撮らせてもらった、いわば芸妓さんとコラボレーションしたあの至福の時間はずっと忘れないだろう。

これほど舞台が整い、関わる人々が一丸となって取り組めた単行本は過去に記憶がない。「古町芸妓をもっと日本中に発信し、この素晴らしい文化を求めて日本中から柳都新潟に来てほしい」、みんなの思いが詰まった結晶ではないだろうか。

取材を重ねるうち、「古き良き日本」という表現は違うと感じ始めた。いままさに再生を急務とされている〈日本の心〉そのものが古町花柳界には流れている。日本人は本来持っていた生き方や価値観を失いかけている。そのため社会も家庭も友人関係も壊れ、退廃的な世相に覆われている。儲かればいい、勝てばいい、自分さえよければいい、そんな貧しい発想は日本人の哲学になかったはずだ。

花柳界を色街と決め付けている人が多いかもしれない。僕自身、誤った先入観を抱いていた。取材を重ねて、花柳界の本質は違うと知った。いま彼女たちが、運命に導かれるように育んでいるのは、日本人の心、日本人の生きる姿ではないか。

ひとりでも多くの日本人が新潟古町に来て、芸妓さんの待つお座敷を経験してく

れたら、それだけで大切な何かを思い起こし、自ずと日本がやさしさや温もりを取り戻すのではないか。ひとりひとりの心が変われば、社会は変わる……。そんな期待を僕は心の奥にふくらませている。日本人が今日から明日を生きる指針に目覚める静かなパワースポット、それが柳都古町の花街だ。

老いも若きも男性にも女性にも、古町のお座敷と芸妓文化を体験してもらいたい。古町花柳界は、しきたりや礼儀を大切にしている。だが「一見さんお断り」ではない。敷居を下げて、新しい来訪を歓迎している。

日本中から、古町を目指して来る方々で賑わう未来を願って、筆を置きます。

取材に協力してくださったすべてのみなさん、新潟日報連載時の担当・斎藤祐介さん、ダイヤモンド社のみなさま、そしてひとつひとつ原稿を重ねるたび助言と激励をしてくれた妻と息子に心からお礼を言います。ありがとうございました。

小林信也

哀悼の意　入稿と校正が終わった十月初旬、柳都振興の今井幹文社長が急逝されたとの報せを受けました。今井社長のご支援がなければこの本は生まれませんでした。心からご冥福をお祈りし、本書を今井幹文さんに捧げます。

【参考文献】

新潟古老雑話　鏡淵九六郎編（雪書房）
新潟芸妓の世界　平山敏雄編著（新潟日報事業社）
鍋茶屋ものがたり　文・平山敏雄（鍋茶屋発行）
湊町新潟に伝承する文化・芸能の歴史的資料（財団法人東日本鉄道文化財団）
ふるまち（新潟三業協同組合発行）
文明の先駆者 起業の人「中野家」の志　大橋晋哉著（新潟日報事業社）
芸妓峰子の花いくさ　岩崎峰子著（講談社）
京都花街の経営学　西尾久美子著（東洋経済新報社）
月間キャレル（新潟日報サービスセンター）
新潟日報（新潟日報社）

この本は、二〇一八（平成三十）年四月から九月まで、新潟日報 Otona+ に連載された原稿を基に構成しています。
本文中、但し書きのない写真は新潟日報社提供、または筆者撮影。

［著者］
小林信也（こばやし のぶや）
作家・スポーツライター
1956（昭和31）年、新潟県長岡市生まれ。
新潟県立長岡高校、慶應義塾大学法学部法律学科卒業。

終戦後、長岡をはじめ新潟県内の人々に明るい歌声で元気をもたらしたローカルスター・笛田春子の長男として生まれる。母は後に市山流に師事し、市山七十春能の名前をいただく。

雑誌ポパイ、ナンバーなどのスタッフライターを経て独立。人物評伝、ニュースコラム、エッセイ、小説、マンガ原作など、多彩な文筆活動を重ねている。テレビ、ラジオのコメンテーターとしても活躍中。独自の視点でわかりやすく本質を衝く語り口が人気を得ている。
2017年春まで3年間新潟市内で暮らした経験と出会いから古町芸妓の世界を身近に感じ、今回の著作につながった。
著書に《野球の真髄　なぜこのゲームに魅せられるのか》(集英社新書)、《生きて還る》(集英社インターナショナル)、《長嶋茂雄 夢をかなえたホームラン》（ブロンズ新社)、《YOSHIKI 蒼い血の微笑》（ソニーマガジンズ）など多数。
フジテレビ《バイキング》《グッディ！》、ＴＢＳテレビ《ゴゴスマ》《Ｎスタ》、テレビ朝日《羽鳥慎一モーニングショー》、ＮＨＫ《ラジオ深夜便》、ＢＳＮラジオ《独占！ごきげんアワー》などに出演。

柳都新潟 古町芸妓ものがたり

2018年10月24日　第1刷発行

著　者———小林信也
発行所———ダイヤモンド社
〒150-8409　東京都渋谷区神宮前6-12-17
http://www.diamond.co.jp/
電話／03･5778･7235（編集）　03･5778･7240（販売）

本文デザイン・装丁— 伊丹弘司
製作進行———— ダイヤモンド・グラフィック社
印刷—————— 加藤文明社
製本—————— ブックアート
編集担当———— 梶原一義

ISBN 978-4-478-10401-9